Detlev Leutner · Eckhard Klieme · Jens Fleischer · Harm Kuper (Hrsg.)

Kompetenzmodelle zur Erfassung individueller Lernergebnisse und zur Bilanzierung von Bildungsprozessen

Aktuelle Diskurse im DFG-Schwerpunktprogramm

Zeitschrift für Erziehungswissenschaft
Sonderheft 18 | 2013

Detlev Leutner
Eckhard Klieme
Jens Fleischer
Harm Kuper (Hrsg.)

# Kompetenzmodelle zur Erfassung individueller Lernergebnisse und zur Bilanzierung von Bildungsprozessen

Aktuelle Diskurse im
DFG-Schwerpunktprogramm

Zeitschrift für
Erziehungswissenschaft

Sonderheft 18 | 2013

# Zeitschrift für Erziehungswissenschaft

*Herausgegeben von:*
Jürgen Baumert (Schriftleitung), Hans-Peter Blossfeld, Yvonne Ehrenspeck-Kolasa, Ingrid Gogolin (Schriftleitung), Bettina Hannover, Marcus Hasselhorn, Stephanie Hellekamps, Heinz-Hermann Krüger (Schriftleitung), Harm Kuper (Schriftleitung, Geschäftsführung), Dieter Lenzen, Meinert A. Meyer, Manfred Prenzel, Thomas Rauschenbach, Hans-Günther Roßbach, Uwe Sander, Annette Scheunpflug, Josef Schrader, Christoph Wulf

*Herausgeber des Sonderheftes Kompetenzmodelle zur Erfassung individueller Lernergebnisse und zur Bilanzierung von Bildungsprozessen:*
Detlev Leutner/Eckhard Klieme/Jens Fleischer/Harm Kuper

*Redaktion und Rezensionen:*
Marisa Schneider

**Seit 2006 in SSCI**

*Anschrift der Redaktion:*
Zeitschrift für Erziehungswissenschaft
c/o Freie Universität Berlin, Arbeitsbereich Weiterbildung und Bildungsmanagement,
Arnimallee 12, 14195 Berlin
Tel.: +49 (30) 8 38-55888; Fax: -55889, E-Mail: zfe@zedat.fu-berlin.de
Homepages: http://zfe-online.de Volltexte: http://zfe-digital.de

*Beirat:* Neville Alexander † (Kapstadt), Jean-Marie Barbier (Paris), Jacky Beillerot † (Paris), Wilfried Bos (Dortmund), Elliot W. Eisner (Stanford/USA), Frieda Heyting (Amsterdam), Axel Honneth (Frankfurt a.M.), Marianne Horstkemper (Potsdam), Ludwig Huber (Bielefeld), Yasuo Imai (Tokyo), Jochen Kade (Frankfurt a.M.), Anastassios Kodakos (Rhodos), Gunther Kress (London), Sverker Lindblad (Göteborg), Christian Lüders (München), Niklas Luhmann † (Bielefeld), Joan-Carles Mèlich (Barcelona), Hans Merkens (Berlin), Klaus Mollenhauer † (Göttingen), Christiane Schiersmann (Heidelberg), Wolfgang Seitter (Marburg), Rudolf Tippelt (München), Gisela Trommsdorff (Konstanz), Philip Wexler (Jerusalem), John White (London), Christopher Winch (Northampton)

**Sonderheft 18/2013, 16. Jahrgang**

**Springer VS | Springer Fachmedien Wiesbaden GmbH**
Abraham-Lincoln-Str. 46 | 65189 Wiesbaden, www.springer-vs.de
Amtsgericht Wiesbaden, HRB 9754
USt-IdNr. DE811148419

*Geschäftsführer:* Dr. Ralf Birkelbach (Vors.)    *Gesamtleitung* Anzeigen und Märkte: Armin Gross
                Armin Gross             *Gesamtleitung Marketing und Individual Sales:* Rolf-Günther Hobbeling
*Director Sozialwissenschaften & Forschungspublikationen:* Dr. Reinald Klockenbusch
*Programmleitung:* Dr. Andreas Beierwaltes

**Kundenservice:** Springer Customer Service Center GmbH; Service VS Verlag, Haberstr. 7, 69126 Heidelberg,
Telefon: +49 (0)6221/345-4303; Telefax: +49 (0)6221/345-4229; Montag bis Freitag 8.00 Uhr bis 18.00 Uhr
E-Mail: springervs-service@springer.com
**Marketing:** Ronald Schmidt-Serrière M.A.; Telefon: (06 11) 78 78-280; Telefax: (06 11) 78 78-439
E-Mail: Ronald.Schmidt-Serriere@springer.com
**Anzeigenleitung:** Yvonne Guderjahn; Telefon: (06 11) 78 78-155; Telefax: (06 11) 78 78-430
E-Mail: Yvonne.Guderjahn@best-ad-media.de
**Anzeigendisposition:** Monika Dannenberger; Telefon: (06 11) 78 78-148; Telefax: (06 11) 78 78-443
E-Mail: monika.dannenberger@best-ad-media.de
**Anzeigenpreise:** Es gelten die Mediadaten vom 1.11.2012
**Produktion:** Dagmar Orth; Telefon: (0 62 21) 4 87-8902
E-Mail: dagmar.orth@springer.com

*Bezugsmöglichkeiten 2013:* Jährlich erscheinen 4 Hefte. Jahresabonnement/privat (print+online) € 109,–; Jahresabonnement/privat (nur online) € 91,–; Jahresabonnement/Bibliotheken/Institutionen € 212,–; Jahresabonnement Studierende/Emeriti (print+online) – bei Vorlage einer Studienbescheinigung € 51,–. Alle Print-Preise zuzüglich Versandkosten. Alle Preise und Versandkosten unterliegen der Preisbindung. Die Bezugspreise enthalten die gültige Mehrwertsteuer. Kündigungen des Abonnements müssen spätestens 6 Wochen vor Ablauf des Bezugszeitraumes schriftlich mit Nennung der Kundennummer erfolgen. Jährlich können Sonderhefte (Beihefte) erscheinen, die nach Umfang berechnet und den Abonnenten des laufenden Jahrgangs mit einem Nachlass von 25% des jeweiligen Ladenpreises geliefert werden. Bei Nichtgefallen können die Sonderhefte innerhalb einer Frist von drei Wochen zurückgegeben werden.
Zuschriften, die den Vertrieb oder Anzeigen betreffen, bitte nur an den Verlag.

© Springer VS | Springer Fachmedien Wiesbaden.

Springer VS ist eine Marke von Springer DE. Springer DE ist Teil der Fachverlagsgruppe Springer Science+Business Media.

Alle Rechte vorbehalten. Kein Teil dieser Zeitschrift darf ohne schriftliche Genehmigung des Verlages vervielfältigt oder verbreitet werden. Unter dieses Verbot fällt insbesondere die gewerbliche Vervielfältigung per Kopie, die Aufnahme in elektronische Datenbanken und die Vervielfältigung auf CD-Rom und allen anderen elektronischen Datenträgern.

Jedes Abonnement Print und Online beinhaltet eine Freischaltung für das Archiv der Zeitschrift für Erziehungswissenschaft. Der Zugang gilt ausschließlich für den einzelnen Empfänger des Abonnements.

Satz: Crest Premedia Solutions, Pune, Indien

www.zfe-digital.de
ISSN 1434-663X (Print)
ISSN 1862-5215 (Online)

# Zeitschrift für Erziehungswissenschaft

16. Jahrgang · Sonderheft 18 · 2013

**Inhaltsverzeichnis**

*Detlev Leutner/Eckhard Klieme/Jens Fleischer/Harm Kuper*
Editorial: Kompetenzmodelle zur Erfassung individueller
Lernergebnisse und zur Bilanzierung von Bildungsprozessen.
Aktuelle Diskurse im DFG-Schwerpunktprogramm .............................. 1

*Jens Fleischer/Karoline Koeppen/Martina Kenk/Eckhard Klieme/Detlev Leutner*
Kompetenzmodellierung: Struktur, Konzepte und Forschungszugänge des
DFG-Schwerpunktprogramms .................................................. 5

**Bereich 1: Theoretische Kompetenzmodelle**

*Oliver Wilhelm/Reinhold Nickolaus*
Was grenzt das Kompetenzkonzept von etablierten Kategorien wie Fähigkeit,
Fertigkeit oder Intelligenz ab? ............................................. 23

*Timo Leuders/Beate Sodian*
Inwiefern sind Kompetenzmodelle dazu geeignet kognitive Prozesse von
Lernenden zu beschreiben? ................................................... 27

*Knut Neumann*
Mit welchem Auflösungsgrad können Kompetenzen modelliert werden? In welcher
Beziehung stehen Modelle zueinander, die Kompetenz in einer Domäne mit
unterschiedlichem Auflösungsgrad beschreiben? ............................... 35

*Alexander Robitzsch*
Wie robust sind Struktur- und Niveaumodelle? Wie zeitlich stabil und über Situationen
hinweg konstant sind Kompetenzen? ........................................... 41

**Bereich 2: Psychometrische Modelle**

*Johannes Hartig/Andreas Frey*
Sind Modelle der Item-Response-Theorie (IRT) das „Mittel der Wahl" für die Modellierung
von Kompetenzen? ............................................................ 47

**Bereich 3: Messkonzepte und Messverfahren**

*Andreas Frey/Johannes Hartig*
Wann sollten computerbasierte Verfahren zur Messung von Kompetenzen anstelle von papier- und bleistift-basierten Verfahren eingesetzt werden? ........................ 53

**Bereich 4: Nutzung von Informationen aus Diagnostik und Assessment**

*Susanne Bögeholz/Sabina Eggert*
Welche Rolle spielt Kompetenzdiagnostik im Rahmen von Lehr-Lernprozessen? ......... 59

*Nele McElvany/Camilla Rjosk*
Wann kann Kompetenzdiagnostik negative Auswirkungen haben? .................... 65

*Hans Anand Pant*
Wer hat einen Nutzen von Kompetenzmodellen? ................................. 71

*Dominik Leiss/Katrin Rakoczy*
Wie können Ergebnisse der Kompetenzdiagnostik in Forschungsprojekten sinnvoll zurückgemeldet werden? ...................................................... 81

# Editorial: Kompetenzmodelle zur Erfassung individueller Lernergebnisse und zur Bilanzierung von Bildungsprozessen

## Aktuelle Diskurse im DFG-Schwerpunktprogramm

Detlev Leutner · Eckhard Klieme · Jens Fleischer · Harm Kuper

**Zusammenfassung:** Das Sonderheft umfasst elf Beiträge aus dem DFG-Schwerpunktprogramm „Kompetenzmodelle zur Erfassung individueller Lernergebnisse und zur Bilanzierung von Bildungsprozessen". Ziel des Sonderhefts ist es, den Diskussionsstand des Schwerpunktprogramms hinsichtlich grundlegender Konzepte und Fragestellungen im Zusammenhang mit der Modellierung von Kompetenzen aufzuzeigen. Im ersten Beitrag werden die Struktur und die Forschungsbereiche des Schwerpunktprogramms vorgestellt sowie der aktuelle Forschungsstand skizziert. In den Beiträgen zwei bis elf werden in Form von Kurzbeiträgen Fragen und Problemstellungen diskutiert, die sich im Laufe der inhaltlichen Arbeit des Schwerpunktprogramms der letzten Jahre als besonders relevant erwiesen haben. Diese Beiträge stellen das Arbeitsergebnis eines Workshops der am Schwerpunktprogramm beteiligten Wissenschaftler/innen im Sinne von Positionspapieren dar.

**Schlüsselwörter:** Kompetenzmodelle · Kompetenzdiagnostik · DFG-Schwerpunktprogramm

---

© Springer Fachmedien Wiesbaden 2013

Prof. Dr. D. Leutner (✉) · Dipl.-Psych. J. Fleischer
Institut für Psychologie, Universität Duisburg-Essen, 45117 Essen, Deutschland
E-Mail: detlev.leutner@uni-due.de

Dipl.-Psych. J. Fleischer
E-Mail: jens.fleischer@uni-due.de

Prof. Dr. E. Klieme
Deutsches Institut für Internationale Pädagogische Forschung, Bildungsqualität und Evaluation
Schloßstr. 29, 60486 Frankfurt am Main, Deutschland
E-Mail: klieme@dipf.de

Prof. Dr. H. Kuper
Erziehungswissenschaft und Psychologie, Freie Universität Berlin, Arnimallee 7, 14195 Berlin, Deutschland
E-Mail: harm.kuper@fu-berlin.de

**Editorial: competence models for assessing individual learning outcomes and evaluating educational processes – current discourses within the DFG priority program**

**Abstract:** This special issue comprises eleven articles from the DFG priority program "Competence Models for Assessing Individual Learning Outcomes and Evaluating Educational Processes". The special issue aims at showing the priority program's present state of discussion concerning essential concepts and questions related to the modeling of competencies. The first article describes the structure and research areas of the program and gives an overview on the current state of research. The short articles two to eleven discuss questions and problems which proved to be of particular importance during the work of the priority program in the last years. These articles constitute the result of a workshop of the participating scientists of the priority program in terms of position papers.

**Keywords:** Competence assessment · Competence models · DFG priority program

Die Modellierung und Messung von Kompetenzen spielt eine entscheidende Rolle bei der Optimierung von Bildungsprozessen sowie der Qualitätssicherung und Qualitätsentwicklung des Bildungswesens. Das DFG-Schwerpunktprogramm „Kompetenzmodelle zur Erfassung individueller Lernergebnisse und zur Bilanzierung von Bildungsprozessen" (Klieme und Leutner 2006) hat sich zum Ziel gesetzt, die wissenschaftlichen Anstrengungen in diesem Bereich zu bündeln und zu koordinieren. Das DFG-Schwerpunktprogramm, welches 2007 eingerichtet wurde und 2012 in seine dritte und letzte zweijährige Förderphase gegangen ist, besteht aus 30 Projekten, die sich über Fachdisziplinen hinweg mit verschiedenen Aspekten der Modellierung und Messung von Kompetenzen befassen (vgl. Fleischer et al. 2012; Klieme et al. 2010; Koeppen et al. 2008). Für den Erfolg eines interdisziplinären Forschungsverbunds wie dem Schwerpunktprogramm – mit Beteiligung der Erziehungswissenschaft, der Psychologie und der Fachdidaktiken – ist eine Verständigung über die Bedeutung gemeinsam verwendeter Begrifflichkeiten von entscheidender Bedeutung. Das vorliegende Sonderheft umfasst elf Beiträge aus dem Kontext des DFG-Schwerpunktprogramms mit dem Ziel, den Diskussionsstand des Schwerpunktprogramms hinsichtlich grundlegender Konzepte und Fragestellungen im Zusammenhang mit der Modellierung von Kompetenzen vor dem Hintergrund des aktuellen Forschungsstands aufzuzeigen.

Im ersten Beitrag des Sonderhefts beschreiben Fleischer, Koeppen, Kenk, Klieme und Leutner aus Sicht des Koordinationsprojekts die Struktur und die zentralen Fragestellungen des Schwerpunktprogramms, welche sich vier aufeinander aufbauenden Forschungsbereichen zuordnen lassen:

1. Theoretische Kompetenzmodelle,
2. Psychometrische Modelle,
3. Messkonzepte und Messverfahren und
4. Nutzung von Informationen aus Diagnostik und Assessment.

Dabei werden der aktuelle Forschungsstand des DFG-Schwerpunktprogramms skizziert sowie offene Fragen thematisiert. Der Beitrag stellt damit gleichzeitig die thematische Einbettung für die nachfolgenden zehn Kurzbeiträge dar.

In diesen Kurzbeiträgen werden, bezogen auf die Forschungsbereiche des Schwerpunktprogramms, Fragen und Problemstellungen diskutiert, die sich im Laufe der inhaltlichen Arbeit des Schwerpunktprogramms der letzten Jahre als besonders relevant erwiesen haben. Diese Beiträge stellen das Arbeitsergebnis eines zweitägigen Workshops im Februar 2010 der am Schwerpunktprogramm beteiligten Wissenschaftler/innen dar. Ziel des Workshops war eine vertiefende Diskussion sowie die Erarbeitung einer einheitlichen Grundposition des Schwerpunktprogramms zu den angesprochenen Fragen und Problemstellungen. Hierzu wurde zunächst in Kleingruppen diskutiert, danach wurden die Ergebnisse in Form eines Wikis zusammengetragen. Im Anschluss daran sind die einzelnen Beiträge von den unten genannten Autoren/innen erneut überarbeitet worden. Die Beiträge zwei bis elf des vorliegenden Sonderhefts können demnach nicht den Anspruch erheben, die behandelten Fragen und Problemstellungen abschließend zu beantworten beziehungsweise zu lösen. Sie stellen vielmehr in kompakter Form die Standpunkte der am Schwerpunktprogramm beteiligten Wissenschaftler/innen im Sinne von Positionspapieren dar. Gleichzeitig können die behandelten Fragestellungen nicht als voneinander unabhängig betrachtet werden. So ist beispielsweise die Wahl eines angemessenen Auflösungsgrades einer zu messenden Kompetenz zum einen eine empirische Frage. Zum anderen hängt sie jedoch auch von der angestrebten Funktion der Kompetenzmessung (formatives vs. summatives Assessment) und nicht zuletzt auch von den Adressaten der Ergebnisse der Kompetenzmessung ab.

Bezogen auf den ersten Forschungsbereich des Schwerpunktprogramms „Theoretische Kompetenzmodelle" befassen sich Wilhelm und Nickolaus in ihrem Beitrag mit der Konkretisierung des Konzeptes „Kompetenz" und behandeln die für die Arbeiten im Schwerpunktprogramm grundlegende Frage der Abgrenzbarkeit des Kompetenzbegriffs von bewährten Konzepten wie Fähigkeit, Fertigkeit und Intelligenz. Im Anschluss gehen Leuders und Sodian der Frage nach, ob und inwiefern Kompetenzskalen, Kompetenzstufenmodelle, Kompetenzstrukturmodelle und kognitive Diagnosemodelle dazu geeignet sind, kognitive Prozesse von Lernenden zu erfassen und zu beschreiben. Neumann befasst sich mit der Frage, mit welchem Auflösungsgrad Kompetenzen modelliert werden können und unterscheidet dabei zwischen der Feingliedrigkeit (Zahl der Teilkompetenzen) und der Feinkörnigkeit (Detailliertheit der Ausprägungen) von Kompetenzmodellen. Robitzsch beschäftigt sich in seinem Beitrag mit der Frage, wie zeitlich stabil und über Situationen hinweg konstant Kompetenzen sind und welche Robustheit die hierfür verwendeten Struktur- und Niveaumodelle im Hinblick auf verschiedene Modellbestandteile (Modellparameter und Kompetenzstufenbeschreibungen) und verschiedene Analyseeinheiten (Schüler, Klassen und Populationen) aufweisen.

Mit Bezug auf den zweiten Forschungsbereich des Schwerpunktprogramms „Psychometrische Modelle" setzen sich Hartig und Frey in ihrem Beitrag mit der Frage auseinander, inwiefern Modelle der Item-Response-Theorie (IRT) das „Mittel der Wahl" für die Modellierung von Kompetenzen sind. Die Autoren beschreiben hierzu die Vorteile von IRT-Modellen gegenüber klassischen Ansätzen, stellen jedoch auch die Grenzen dieser Modelle dar.

Bezogen auf den dritten Forschungsbereich des Schwerpunktprogramms „Messkonzepte und Messverfahren" beschreiben Frey und Hartig in ihrem Beitrag Herausforderungen, denen mit computerbasierten Verfahren zur Messung von Kompetenzen besser begegnet werden kann als mit klassischen papier- und bleistift-basierten Verfahren.

Hierzu zählen die Autoren komplexe Kompetenzen, Kompetenzen, die sich durch die zeitkritische Ausführung komplexer Interaktionen auszeichnen, sowie Kompetenzen, deren Ausübung an einen Computer gebunden ist.

Mit Bezug auf den vierten Forschungsbereich des Schwerpunktprogramms „Nutzung von Informationen aus Diagnostik und Assessment" befassen sich Bögeholz und Eggert in ihrem Beitrag mit der Frage, welche Rolle Kompetenzdiagnostik im Rahmen von Lehr-Lernprozessen spielt. Die Autorinnen kommen dabei zu dem Schluss, dass Kompetenzmodelle die gemeinsame Referenz für das Unterrichten sowie für formatives und summatives Assessment darstellen sollten. Im Anschluss gehen McElvany und Rjosk der Frage nach, ob und unter welchen Bedingungen Kompetenzdiagnostik negative Auswirkungen für verschiedene Akteure/innen im Bildungssystem wie Lehrkräfte, Lernende und Bildungsadministration haben kann und wie diese negativen Auswirkungen vermieden beziehungsweise verringert werden können. Pant untersucht am Beispiel nationaler und internationaler Schulleistungsstudien, die auf der Gesamtstrategie der Kultusministerkonferenz basieren, die Frage, welche Akteure/innen einen Nutzen von Kompetenzmodellen haben. Im letzten Beitrag des Sonderhefts beschäftigen sich Leiss und Rakoczy mit der Frage, wie Ergebnisse der Kompetenzdiagnostik in Forschungsprojekten sinnvoll zurückgemeldet werden können. Die Autoren schließen ihren Beitrag mit zentralen Kriterien für die Gestaltung von Rückmeldungen in Form einer „Checkliste", anhand derer Forschungsprojekte ihre Ergebnisrückmeldungen gestalten können.

Die Beiträge des vorliegenden Sonderhefts beschreiben die Struktur und die Forschungszugänge des DFG-Schwerpunktprogramms „Kompetenzmodelle" und spiegeln den Diskussionsstand des Schwerpunktprogramms zu grundlegenden Konzepten und Fragestellungen im Zusammenhang mit der Modellierung von Kompetenzen wider. Sie liefern damit einen breiten Überblick über die Arbeit des Schwerpunktprogramms in den letzten Jahren und zeigen gleichzeitig auch nach wie vor offene Forschungsfragen auf.

**Danksagung:** Diese Veröffentlichung wurde ermöglicht durch Sachbeihilfen der Deutschen Forschungsgemeinschaft (Kennz.: LE 645/11-2 und KL 1057/9-2) im Schwerpunktprogramm „Kompetenzmodelle zur Erfassung individueller Lernergebnisse und zur Bilanzierung von Bildungsprozessen" (SPP 1293).

## Literatur

Fleischer, J., Leutner, D., & Klieme, E. (2012). Modellierung von Kompetenzen im Bereich der Bildung: Eine psychologische Perspektive (*Themenheft der Psychologische Rundschau, Vol. 63*(1)). Göttingen: Hogrefe Verlag.

Klieme, E., & Leutner, D. (2006). Kompetenzmodelle zur Erfassung individueller Lernergebnisse und zur Bilanzierung von Bildungsprozessen. Beschreibung eines neu eingerichteten Schwerpunktprogramms der DFG. *Zeitschrift für Pädagogik, 52,* 876–903.

Klieme, E., Leutner, D., & Kenk, M. (2010). Kompetenzmodellierung – Zwischenbilanz des DFG-Schwerpunktprogramms und Perspektiven des Forschungsansatzes (*56. Beiheft der Zeitschrift für Pädagogik*). Weinheim. Beltz.

Koeppen, K., Hartig, J., Klieme, E., & Leutner, D. (2008). Current issues in competence modelling and assessment. *Zeitschrift für Psychologie/Journal of Psychology, 216,* 61–73.

# Kompetenzmodellierung: Struktur, Konzepte und Forschungszugänge des DFG-Schwerpunktprogramms

Jens Fleischer · Karoline Koeppen · Martina Kenk · Eckhard Klieme · Detlev Leutner

**Zusammenfassung:** Die Messung und Modellierung von Kompetenzen stellt eine zentrale Voraussetzung für die Optimierung von Bildungsprozessen sowie für die Qualitätssicherung und Qualitätsentwicklung im Bildungswesen dar. Das 2007 eingerichtete DFG-Schwerpunktprogramm „Kompetenzmodelle zur Erfassung individueller Lernergebnisse und zur Bilanzierung von Bildungsprozessen" verfolgt das Ziel, die wissenschaftlichen Anstrengungen in diesem Bereich – über Fachdisziplinen hinweg – voranzutreiben und zu koordinieren. Der vorliegende Beitrag beschreibt die Struktur, Konzepte und Forschungszugänge und skizziert den aktuellen Forschungsstand des DFG-Schwerpunktprogramms.

**Schlüsselwörter:** Kompetenz · Kompetenzmodellierung · Kompetenzdiagnostik · DFG-Schwerpunktprogramm

## Modeling of competencies: structure, concepts and research approaches of the DFG priority program

**Abstract:** The assessment and modeling of competencies plays a key role in optimizing educational processes and improving educational systems. The DFG priority program "Competence

---

© Springer Fachmedien Wiesbaden 2013

Dipl.-Psych. J. Fleischer (✉) · Prof. Dr. D. Leutner
Institut für Psychologie, Universität Duisburg-Essen,
45117 Essen, Deutschland
E-Mail: jens.fleischer@uni-due.de

Prof. Dr. D. Leutner
E-Mail: detlev.leutner@uni-due.de

Dr. K. Koeppen · Dipl.-Päd. M. Kenk · Prof. Dr. E. Klieme
Bildungsqualität und Evaluation, Deutsches Institut für Internationale Pädagogische Forschung,
Schloßstr. 29, 60486 Frankfurt am Main, Deutschland
E-Mail: koeppen@dipf.de

Dipl.-Päd. M. Kenk
E-Mail: kenk@dipf.de

Prof. Dr. E. Klieme
E-Mail: klieme@dipf.de

Prof. Dr. D. Leutner
E-Mail: detlev.leutner@uni-due.de

Models for Assessing Individual Learning Outcomes and Evaluating Educational Processes" which was founded in 2007, aims at promoting and coordinating the scientific efforts in this field across disciplines. The present article describes the structure, concepts and research approaches and sketches the current state of research of the priority program.

**Keywords:** Competence · Competence assessment · Competence modeling · DFG priority program

Die Vermittlung relevanter Wissensstände und Fertigkeiten in konkreten Anforderungsbereichen, die häufig unter dem Begriff „Kompetenz" gefasst werden, ist ein zentrales Anliegen schulischer und beruflicher Bildung (vgl. Köller 2009). Denn Prosperität, soziale Kohäsion und Entwicklungschancen einer Gesellschaft hängen in großem Maße von den erworbenen Kompetenzen ihrer Mitglieder ab. Der Messung von Kompetenzen kommt damit eine Schlüsselfunktion für die Optimierung von Bildungsprozessen sowie die Qualitätssicherung und Qualitätsentwicklung des Bildungswesens zu (Klieme und Leutner 2006; Koeppen et al. 2008). Von der Bildungsforschung wird in diesem Zusammenhang erwartet, Modelle der Struktur, Stufung und Entwicklung von Kompetenzen bereitzustellen, die sowohl kognitionspsychologisch als auch fachlich fundiert sind und als Grundlage zur Entwicklung geeigneter Messinstrumente zur Erfassung von Kompetenzen dienen können.

Um diesem Anspruch gerecht werden zu können und die wissenschaftlichen Anstrengungen zur Bewältigung dieser Herausforderungen über Fachdisziplinen hinweg voranzutreiben und zu koordinieren, wurde 2007 das DFG-Schwerpunktprogramm (SPP) „Kompetenzmodelle zur Erfassung individueller Lernergebnisse und zur Bilanzierung von Bildungsprozessen" eingerichtet (Klieme und Leutner 2006). Das Schwerpunktprogramm, welches 2012 in seine dritte und letzte zweijährige Förderphase gegangen ist, umfasst 30 Projekte, die sich über Fachdisziplinen hinweg mit verschiedenen Aspekten der Modellierung und Messung von Kompetenzen in den Domänen Mathematik, Naturwissenschaft, Sprache/Lesen, Lehrerkompetenzen und fächerübergreifende Kompetenzen befassen.

Zentraler Bezugspunkt für die Arbeiten des Schwerpunktprogramms ist der Kompetenzbegriff, der – obwohl keineswegs neu – erst seit einem Jahrzehnt zum Gegenstand intensiver Diskussionen in der Psychologie und der Bildungsforschung geworden ist (vgl. z. B. Csapó 2004; Hartig und Klieme 2006; Klieme et al. 2008). Die vielfältige Bedeutung des Kompetenzbegriffs hat Weinert (2001) systematisch aufbereitet. Er unterscheidet dabei sechs Verwendungen des Begriffs. So werden Kompetenzen unter anderem als auf spezifische Kontexte bezogene kognitive Leistungsdispositionen, aber beispielsweise auch als für die Bewältigung anspruchsvoller Aufgaben notwendige motivationale Orientierungen verstanden (Weinert 2001; vgl. auch Klieme 2004). Aufgrund theoretischer und pragmatischer Überlegungen empfiehlt Weinert (2001) eine Einschränkung auf die erstgenannte Definition. Dieser Empfehlung folgend werden im Rahmen des Schwerpunktprogramms Kompetenzen definiert als „kontextspezifische kognitive Leistungsdispositionen, die sich funktional auf Situationen und Anforderungen in bestimmten Domänen beziehen" (Klieme und Leutner 2006, S. 879) und die durch Erfahrung und Lernen sowie äußere Interventionen und institutionalisierte Bildungsprozesse erworben und beeinflusst werden (vgl. Klieme und Leutner 2006; Klieme et al. 2008). Mit dieser Definition sind zwei Einschränkungen verbunden: Zum einen sind Kompetenzen bereichsspezifisch auf bestimmte

Kontexte beziehungsweise Anforderungssituationen bezogen, wodurch allgemeine kognitive Fähigkeiten ausgeschlossen werden. Kompetenzen werden damit, in einem größeren Maße als dies für allgemeine kognitive Fähigkeiten der Fall ist, als prinzipiell erlernbar und trainierbar verstanden. Zum anderen erfolgt eine Beschränkung auf kognitive Aspekte, wodurch motivationale und emotionale Faktoren zunächst ausgeschlossen werden. Diese Einschränkungen erfolgen im Rahmen des Schwerpunktprogramms vor allem auch aus pragmatischen Erwägungen und sollen nicht die prinzipielle Bedeutung allgemeiner kognitiver Fähigkeiten wie zum Beispiel der Intelligenz oder motivationaler Einstellungen und Orientierungen sowie emotionaler Faktoren für erfolgreiches Handeln in spezifischen Anforderungssituationen in Abrede stellen (vgl. Wilhelm und Nickolaus 2013 in diesem Heft). Die im Rahmen des Schwerpunktprogramms verwendete Definition des Kompetenzbegriffs steht damit in wesentlichen Punkten in Übereinstimmung mit der Verwendung des Kompetenzbegriffs im Kontext internationaler Schulleistungsstudien (z. B. PISA, TIMSS, IGLU/PIRLS) sowie der KMK-Bildungsstandards (vgl. Pant et al. 2012; siehe auch Pant 2013 in diesem Heft). So werden Kompetenzen beispielsweise in den PISA-Studien als „prinzipiell erlernbare, mehr oder minder bereichsspezifische Kenntnisse, Fertigkeiten und Strategien" definiert (Baumert et al. 2001, S. 22).

Basierend auf dieser Arbeitsdefinition des Kompetenzbegriffs lassen sich die zentralen Fragestellungen des Schwerpunktprogramms insgesamt vier aufeinander aufbauenden Forschungsbereichen zuordnen (vgl. Klieme und Leutner 2006; Klieme et al. 2008; Koeppen et al. 2008). Die Abb. 1 stellt diese Bereiche in Form eines Zwiebelschalenmodells dar: Im Kern befindet sich die Entwicklung theoretischer Kompetenzmodelle (Bereich 1). Aufbauend auf diesen theoretischen Modellen werden adäquate psychomet-

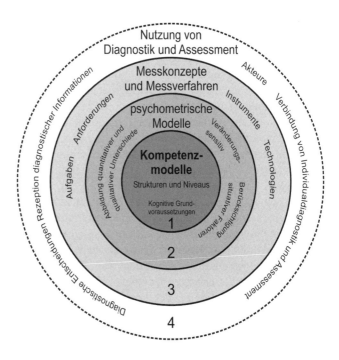

**Abb. 1:** Forschungsbereiche und Struktur des Schwerpunktprogramms

rische Modelle entwickelt (Bereich 2), die wiederum die Grundlage für die Konstruktion von konkreten Messinstrumenten zur Erfassung von Kompetenzen darstellen (Bereich 3). Abgerundet wird das Forschungsprogramm durch Arbeiten, die sich mit Fragen der Nutzung der gewonnenen diagnostischen Informationen befassen (Bereich 4).

Im Folgenden werden diese Forschungsbereiche im Überblick beschrieben sowie der aktuelle Forschungsstand des DFG-Schwerpunktprogramms skizziert.

## 1 Forschungsbereich: Theoretische Kompetenzmodelle

Zentrale Fragestellung: *Wie lassen sich Kompetenzen, unter Berücksichtigung ihres Bezugs auf Anforderungen in spezifischen Situationen, angemessen kognitiv modellieren?*

Bei der Formulierung von theoretischen Modellen zur Beschreibung und Erklärung von Kompetenzen lassen sich *Kompetenzstrukturmodelle* und *Kompetenzniveaumodelle* unterscheiden (Klieme und Hartig 2007):

- Kompetenzstrukturmodelle befassen sich mit der Frage, welche und wie viele verschiedene Teilkompetenzen (Dimensionen) einer bestimmten Kompetenz differenziert werden können. Diese Dimensionen repräsentieren inhaltlich unterscheidbare Aspekte, anhand derer sich Kompetenzunterschiede zwischen Personen beschreiben lassen. Die Binnenstruktur von Kompetenzen ist dabei vornehmlich durch die in einem bestimmten Bereich zu bewältigenden Anforderungen und die hierfür als notwendig erachteten kognitiven Prozesse bedingt (vgl. Hartig und Klieme 2006). So können die Dimensionen einer Kompetenz beispielsweise durch unterschiedliche inhaltliche beziehungsweise curriculare Einheiten (vgl. z. B. Winkelmann et al. 2012), unterschiedliche Arten von Aufgaben- und Problemstellungen (vgl. z. B. Leutner et al. 2012), unterschiedliche Wissensarten (vgl. z. B. Fleischer et al. 2010; Hardy et al. 2010), unterschiedliche Repräsentations- und Aufgabenformate (vgl. z. B. Bayrhuber et al. 2010; Schnotz et al. 2010) oder unterschiedliche Verarbeitungsprozesse (vgl. z. B. Hartig und Jude 2008) definiert sein. Die Beschreibung von interindividuellen Unterschieden auf diesen Dimensionen erfolgt dann in der Regel auf der Grundlage von psychometrischen Modellen mit kontinuierlichen latenten Variablen (vgl. Hartig und Frey 2013 in diesem Heft).
- Kompetenzniveaumodelle dienen einer qualitativen, kriteriumsorientierten Beschreibung der Anforderungen, die Personen mit unterschiedlich stark ausgeprägten (Teil-)Kompetenzen bewältigen können. Zur Definition von Kompetenzniveaus wird eine an sich kontinuierliche Kompetenzdimension in diskrete, ordinale Kategorien unterteilt. Für diese Kategorien erfolgt im Anschluss eine kriteriumsorientierte Beschreibung der erfassten Kompetenzen (vgl. Hartig und Klieme 2006; Wilson 2005). Die Definition von Kompetenzniveaus stellt letztlich immer eine Vereinfachung und Informationsreduktion dar mit dem Ziel einer besseren Beschreibung und Kommunizierbarkeit der erfassten Kompetenzen (vgl. Leuders und Sodian 2013 in diesem Heft). Zur Unterteilung der kontinuierlichen Kompetenzdimensionen in Niveaus gibt es unterschiedliche Vorgehensweisen (für einen Überblick siehe z. B. Cizek und Bunch 2007; Pant et al. 2010; vgl. auch Hartig 2007). Obwohl Kompetenzniveaus

zumeist nicht echten Entwicklungsstufen im Sinne qualitativer Entwicklungssprünge entsprechen, wird häufig synonym auch der Begriff „Kompetenzstufe" als Übersetzung des englischen „proficiency level" verwendet (vgl. Helmke und Hosenfeld 2004).

Die Frage der *zeitlichen Entwicklung von Kompetenzen* ist ein weiterer wichtiger Aspekt der Modellierung von Kompetenzen, da sich weder aus Kompetenzstruktur- noch aus Kompetenzniveaumodellen direkt *Entwicklungsmodelle* von Kompetenzen ableiten lassen (vgl. Robitzsch 2013 in diesem Heft). So gibt es bisher kaum hinreichend theoretisch fundierte und empirisch validierte Kompetenzentwicklungsmodelle (Artelt und Schneider 2011; Klieme et al. 2008). Dementsprechend bleibt bislang weitgehend unklar, ob die zeitliche Entwicklung von Kompetenzen eher als kontinuierlicher Prozess verstanden werden kann (vgl. z. B. Blum et al. 2004; PISA-Konsortium Deutschland 2006) oder ob Kompetenzentwicklung vielmehr ein diskontinuierlicher Prozess ist, bei dem qualitativ unterschiedliche Stufen durchlaufen und Konzepte und Kompetenzstrukturen reorganisiert werden (vgl. z. B. Vosniadou 2008; siehe auch Leuders und Sodian 2013 in diesem Heft).

Kompetenzmodelle im hier beschriebenen Sinne integrieren quantitative und qualitative Beschreibungen von inter- und (bei der Beschreibung von Kompetenzentwicklungen) auch intra-individuellen Unterschieden. Das typische Kompetenzmodell strukturiert eine Kompetenz nach Kompetenzdimensionen und es graduiert jede dieser Dimensionen nach Niveaus. Kompetenzmodelle müssen darüber hinaus bezüglich ihres Abstraktionsgrades hinreichend spezifisch sein, um als Grundlage für die modellbasierte Entwicklung von Messinstrumenten zur Erfassung von Kompetenzen genutzt werden zu können (vgl. Neumann 2013 in diesem Heft).

Hinsichtlich der theoriegeleiteten Modellierung von Kompetenzen sind in den letzten Jahren große Fortschritte zu verzeichnen. So beschreibt Wilson (2005) einen allgemeinen Rahmen für eine modell- und theoriegeleitete Vorgehensweise bei der Definition von Kompetenzmodellen und der darauf aufbauenden Konstruktion von Testaufgaben. Beispiele für die theoriegeleitete Definition von Kompetenzmodellen finden sich darüber hinaus im Rahmen von Large-Scale-Assessments. So beschreibt Hartig (2007) ein entsprechendes Vorgehen zur Definition von Kompetenzniveaus im Rahmen der DESI-Studie. Da die zur Definition von Kompetenzniveaus durchgeführte kriteriumsorientierte Interpretation von Testwerten auf den empirischen Schwierigkeiten der eingesetzten Testaufgaben beruht, kommt der Vorhersage dieser Schwierigkeiten eine besondere Bedeutung für die modellbasierte Fundierung der Testwertinterpretation zu (vgl. z. B. Neubrand et al. 2002; Watermann und Klieme 2002). Darüber hinaus kann die Vorhersage von Aufgabenschwierigkeiten einen wichtigen Beitrag zur Konstruktvalidierung im Sinne der Konstruktrepräsentation sensu Embretson (1983) liefern sowie zur Optimierung der Entwicklung zukünftiger Testaufgaben beitragen (Hartig und Frey 2012; Leucht et al. 2012; Schaper et al. 2008).

Im Zusammenhang mit der theoriegeleiteten Modellierung von Kompetenzen im Rahmen von Large-Scale-Assessments sind ebenfalls als Beispiel Arbeiten zur Lesekompetenz im Rahmen der PISA-Studie 2000 (Artelt et al. 2001) zu nennen sowie zur mathematischen Kompetenz im Rahmen von PISA-2003 (Blum et al. 2004) oder zur naturwissenschaftlichen Kompetenz im Rahmen von PISA-2006 (Prenzel et al. 2007). In diesen Arbeiten wurden unter Bezug auf einschlägige Theorien in den jeweiligen fachlichen Domänen Kompetenzen beschrieben und modelliert. Allerdings erfolgte die Zuordnung von Testaufgaben zu Kompetenzniveaus in der Regel post-hoc und die Modelle besitzen häufig noch einen sehr hohen Abstraktionsgrad, sodass sie für eine modellgeleitete Itemkonstruktion nur bedingt geeignet sind. Auch die in jüngerer Zeit durchgeführten Studien zur Evaluation und Normierung der nationalen Bildungsstandards in Deutschland liefern Beispiele für ein stärker theorie- und modellgeleitetes Vorgehen bei der Erfassung von Kompetenzen (vgl. z. B. Harsch et al. 2010). So liegen aus diesen Arbeiten inzwischen unter anderem Kompetenzniveaumodelle sowohl für die globale Mathematikkompetenz als auch für die verschiedenen Inhaltsbereiche der Mathematik, die Lesekompetenz in Deutsch und für Lese- und Hörverstehen in der ersten Fremdsprache vor (Bremerich-Vos und Böhme 2009; Reiss und Winkelmann 2009; Tesch et al. 2010).

Ebenso können unter reger Beteiligung der Projekte des Schwerpunktprogramms für die Bereiche mathematisch-naturwissenschaftliche Kompetenzen, fächerübergreifende Kompetenzen, sprachlich-kulturelle Kompetenzen, berufliche Kompetenzen sowie Lehrerkompetenzen große Fortschritte bei der Definition von Kompetenzmodellen verzeichnet werden, die als Grundlage zur Entwicklung von Testinstrumenten genutzt werden können (vgl. z. B. Blomberg et al. 2011; Duit und Möller 2010; Fleischer et al. 2012; Hartig et al. 2008; Klieme et al. 2010a; Leuders und Biehler im Druck). Hierbei werden zunehmend auch Entwicklungsaspekte von Kompetenzen untersucht (vgl. z. B. Artelt et al. 2012; Eggert et al. 2010; Hülür et al. 2011; Koerber et al. 2011; Robitzsch et al. 2011; Viering et al. 2010).

Empirische Daten zur zeitlichen Entwicklung von Kompetenzen sowie zu tragfähigen Kompetenzentwicklungsmodellen sind darüber hinaus in den kommenden Jahren auch im Zusammenhang mit den Arbeiten des Nationalen Bildungspanel (NEPS; Blossfeld et al. 2011) sowie aus den Projekten des DFG-Schwerpunktprogramms „Education as a Lifelong Process. Analyzing Data of the National Educational Panel Study (NEPS)" (https://spp1646.neps-data.de/) zu erwarten.

## 2 Forschungsbereich: Psychometrische Modelle

Zentrale Fragestellung: *Wie lassen sich theoretische Kompetenzmodelle in psychometrischen Modellen abbilden, um die Kompetenzkonstrukte einer differenziellen Erfassung zugänglich zu machen?*

Psychometrische Testmodelle stellen die Verbindung zwischen theoretischem Kompetenzmodell und dem konkreten Testverhalten (einzelne Itemantworten) einer Person bei der Bearbeitung eines Kompetenztests dar. Sie bieten ein Regelsystem, welches es erlaubt, aus Unterschieden im Testverhalten auf interindividuelle Unterschiede in der Ausprägung spezifischer Kompetenzen zu schließen (vgl. Embretson 1983; Wilson 2003). Eine zentrale Frage ist hierbei, auf welche Weise das Verhältnis zwischen situativen Anforderungen einerseits und Personenmerkmalen andererseits modelliert werden muss, damit individuelle Testwerte als Fähigkeit zur Bewältigung spezifischer Anforderungen im Sinne des Kompetenzbegriffs interpretiert werden können (Hartig 2008). Hierfür bieten sich insbesondere Modelle der Item-Response-Theorie (IRT, vgl. z. B. Rost 2004) an, da sie gewissermaßen die Rekonstruktion von Kompetenzen aus der beobachteten Performanz ermöglichen (vgl. Hartig und Frey 2013 in diesem Heft). Ein besonderer Vorteil ist, dass individuelle Messwerte von Personen (Personenparameter) mit den Schwierigkeiten von Aufgaben (Itemparameter) verglichen werden können (vgl. Embretson und Reise 2000), was eine kriteriumsorientierte Interpretation der Testergebnisse ermöglicht. Bei der Erfassung von kontextualisierten Konstrukten wie Kompetenzen ist dies besonders wichtig, da es den Bezug individueller Kompetenzausprägungen auf spezifische situative Anforderungen und somit die Beschreibung von Kompetenzniveaus ermöglicht (vgl. Hartig und Klieme 2006). Dies ist bei der Auswertung mit Methoden der klassischen Testtheorie (vgl. z. B. Rost 2004) nicht möglich. Einige jüngere Entwicklungen im Rahmen der IRT – auch unter Beteiligung von Projekten des Schwerpunktprogramms wie beispielsweise Multidimensionale IRT-Modelle, IRT-Modelle zum Einbezug von Aufgabenmerkmalen sowie kognitive Diagnosemodelle – erscheinen hierbei für die Modellierung von Kompetenzen besonders vielversprechend zu sein (vgl. Frey und Hartig 2009; Klieme et al. 2008).

Insbesondere bei Kompetenzen in komplexeren und/oder breiteren Anwendungsfeldern lässt sich konkretes Testverhalten unter Umständen besser auf mehrere latente Dimensionen zurückführen als auf eine einzelne. Zur Modellierung derartiger Strukturen bieten sich mehrdimensionale IRT-Modelle an (vgl. Reckase 2009), bei denen jedes Testitem entweder einer spezifischen Dimension zugeordnet (*between-item multidimensionality*) oder auch durch mehrere Dimensionen erklärt wird (*within-item multidimensionality*). Diese Modelle finden bereits vielfach Anwendung, häufig im Rahmen von Large-Scale-Assessments (vgl. z. B. Adams und Wu 2002; Voss et al. 2005; Winkelmann et al. 2012). Ebenso werden sie in den Projekten des Schwerpunktprogramms eingesetzt (vgl. z. B. Bayrhuber et al. 2010; Gschwendtner et al. 2010; Hardy et al. 2010; Leutner et al. 2012; Roick et al. 2010; Winther 2011) und dort auch gezielt weiterentwickelt (vgl. Frey und Seitz 2009, 2010; Hartig und Höhler 2008, 2009).

IRT-Modelle zum Einbezug von Aufgabenmerkmalen wie das Linear-Logistische Testmodell (Fischer 1997) oder das Multicomponent-Latent-Trait-Model (Whitely 1980) dienen dazu, das zur Lösung der Testitems nötige Verhalten in seine Bestandteile zu zerlegen, indem die Itemparameter auf Anforderungsmerkmale dieser Items zurückgeführt werden. Sofern neben kognitiven auch inhaltsbezogene Itemmerkmale mit einbezogen werden, können diese Modelle auch dem kontextualisierten Charakter von Kompetenzen gerecht werden und damit einen wichtigen Beitrag zur Konstruktvalidierung von Kompetenzen liefern (vgl. Hartig und Frey 2012). Eine weitere interessante Entwicklung in jüngerer Zeit stellen sogenannte Explanatory Item-Response-Modelle (Wilson et al. 2008) dar, bei denen Zufallseffekte auf Itemebene integriert werden, wodurch die Modelle in ihrer Anwendung auf ein breiteres Spektrum an Kompetenzen flexibler werden.

Im Gegensatz zu traditionellen Modellen der IRT (vgl. z. B. Embretson und Reise 2000) gehen kognitive Diagnosemodelle davon aus, dass die Leistungen von Personen in einem Test nicht auf eine kontinuierliche latente Variable, sondern auf mehrere kategoriale latente Variablen (Kompetenzdimensionen) zurückgeführt werden können (vgl. Rupp et al. 2010). Es handelt sich bei diesen Modellen somit um multiple Klassifikationsmodelle, bei denen die Klassifikation der eingesetzten Testaufgaben zu den verschiedenen Dimensionen theoretisch begründet a priori stattfindet (vgl. Kunina-Habenicht et al. 2010; von Davier et al. 2008). Durch die Klassifikation von Personen hinsichtlich einer oder mehrerer Kompetenzdimensionen können die Testergebnisse in Form von Kompetenzprofilen zurückgemeldet werden, wodurch sehr anschauliche Rückmeldungen spezifischer Stärken und Schwächen von Personen auf den postulierten Kompetenzen bzw. Kompetenzdimensionen möglich werden (vgl. z. B. Rupp et al. 2006). Ein weiterer Aspekt dieser Modelle, der sie für die Modellierung von Kompetenzen interessant erscheinen lässt, ist die Möglichkeit, nicht-kompensatorische Modelle zu schätzen. Diese Modelle gehen davon aus, dass verschiedene Teilkompetenzen zur Lösung einer bestimmten Aufgabe notwendig sind und Mängel in einer Teilkompetenz nicht durch Stärken in einer anderen Teilkompetenz ausgeglichen werden können. Sie entsprechen damit den Annahmen vieler psychologischer und fachdidaktischer Kompetenzmodelle und ermöglichen so eine explizite Prüfung dieser Annahmen, was mit den herkömmlichen statistischen Methoden nicht möglich ist (vgl. Hartig 2008). Auch wenn die Entwicklung dieser Modelle noch relativ am Anfang steht und sie unter anderem aufgrund ihrer Komplexität und der erforderlichen großen Stichproben nicht für alle Anwendungsbereiche geeignet sind (vgl. Leuders und Sodian 2013 in diesem Heft; Hartig und Frey 2013 in diesem Heft), erscheinen die bisherigen Ergebnisse – auch aus Projekten des Schwerpunktprogramms – vielversprechend (vgl. z. B. Kunina-Habenicht et al. 2009, 2010).

## 3 Forschungsbereich: Messkonzepte und Messverfahren

Zentrale Fragestellung: *Wie lassen sich Kompetenzmodelle und darauf basierende psychometrische Modelle in konkrete empirische Messverfahren übertragen?*

Zur Erfassung von Kompetenzen in unterschiedlichsten pädagogischen Kontexten (z. B. Individualdiagnostik, Evaluation von Programmen oder Institutionen, Large-Scale-Assessments, Grundlagenforschung etc.) werden in der Regel standardisierte Testinstrumente eingesetzt. Um der Komplexität verschiedener Kompetenzkonstrukte gerecht zu werden, erscheint es notwendig, bestehende Messkonzepte und Instrumente neuen Anforderungen anzupassen und zu erweitern. Messinstrumente zur Erfassung von Kompetenzen sollten allgemein einen klaren theoretischen Bezug aufweisen und Rückschlüsse über das Ausmaß des Beherrschens einer bestimmten Kompetenz in einem realen Anwendungsbezug ermöglichen (vgl. Klieme et al. 2008). Angesichts der Komplexität von Kompetenzstrukturen und der Notwendigkeit, die unterschiedlichen Fähigkeiten und Prozesse, die zur Bewältigung realer Alltagssituationen erforderlich sind, dezidiert erfassen zu können, ist es zunehmend wichtig geworden, dass Assessmentprozeduren auf kognitiven Kompetenzmodellen beruhen. Beispiele für eine auf theoretischen Kompetenzmodellen basierende empirische Erfassung von Kompetenzen liefern die Arbeiten des Berkeley Evaluation & Assessment Research (BEAR) Center, das sich auf die modellbasierte Kompetenzerfassung im naturwissenschaftlichen Unterricht konzentriert (vgl. z. B. Wilson 2005). Gleiches gilt für die unter Federführung des Instituts zur Qualitätsentwicklung im Bildungswesen (IQB) durchgeführten Arbeiten zur Evaluation und Normierung der nationalen Bildungsstandards in Deutschland (vgl. z. B. Granzer et al. 2009; Rupp et al. 2008).

Ebenso lassen sich aus den Projekten des Schwerpunktprogramms zahlreiche Beispiele für theorie- und modellbasierte Operationalisierungen von Kompetenzkonstrukten anführen. So werden beispielsweise in den Projekten zur Erfassung von Lehrerkompetenzen neue und innovative Instrumente zur Erfassung der Beratungskompetenz von Lehrkräften (vgl. Bruder et al. 2010; Klug et al. 2012), zur Erfassung professioneller Unterrichtswahrnehmung über eine Kombination von Videosequenzen mit anderen standardisierten Verfahren (vgl. Jahn et al. 2011; Seidel et al. 2010) sowie zur experimentellen Untersuchung der diagnostischen Kompetenz von Lehrkräften bei Übergangsentscheidungen (Gräsel et al. 2010) entwickelt. Ebenso werden im Bereich der fächerübergreifenden Kompetenzen neue Instrumente zur Erfassung analytischer und dynamischer Problemlösekompetenz (Fleischer et al. 2010; Greiff und Funke 2010), zur Erfassung der Bewertungskompetenz in Problem- und Entscheidungssituationen (Gausmann et al. 2010) sowie zur Erfassung von Aspekten der Selbstregulationskompetenz beim Lernen aus Sachtexten (Schütte et al. 2012) und zur Erfassung von domänenspezifischem metakognitivem Wissen (Lingel et al. 2010) entwickelt. Hierbei kommen zum Teil auch Methoden der technologiebasierten Kompetenzerfassung (vgl. Hartig und Klieme 2007; siehe auch Frey und Hartig 2013 in diesem Heft) zum Einsatz. Diese Verfahren bieten unter anderem die Möglichkeit zur Simulation komplexer und dynamischer Systeme, welche mittels traditioneller Messmethoden kaum oder nur schwer zugänglich sind (vgl. Greiff und Funke 2009, 2010), sowie die Möglichkeit zur computergestützten adaptiven Testung (vgl. Frey und Seitz 2009), zur automatisierten Itemgenerierung (vgl. Holling et al. 2009; Zeuch et al. 2010) und zum dynamischen Testen (vgl. Dörfler et al. 2009, 2010).

## 4 Forschungsbereich: Nutzung von Informationen aus Diagnostik und Assessment

Zentrale Fragestellung: *Welche Arten von Informationen aus Kompetenzmessungen können von Akteuren/innen im Bildungswesen auf welche Weise genutzt werden?*

Kompetenzdiagnostik als Spezialfall der pädagogischen Diagnostik dient in erster Linie der Vorbereitung pädagogischer Entscheidungen auf individueller Ebene (vgl. Klieme und Leutner 2006). Demgegenüber dienen Assessment-Programme in Bildungsinstitutionen in der Regel der Vorbereitung von Entscheidungen auf Schul- und Unterrichtsebene (wie bei den landesweiten Vergleichsarbeiten in Deutschland; vgl. z. B. Leutner et al. 2007; Hosenfeld et al. 2008) oder der Vorbereitung politischer Entscheidungen auf Schulsystemebene (wie bei den nationalen und internationalen Large-Scale-Assements; vgl. z. B. Granzer et al. 2009; Klieme et al. 2010c; Stanat et al. 2012). Hierbei ist offensichtlich, dass sich aus diesem Spannungsverhältnis unterschiedlicher Nutzungsperspektiven mitunter höchst unterschiedliche Anforderungen an die verwendeten Testinstrumente, das Testdesign sowie die Art der bereitgestellten Ergebnisse und Informationen als Resultat der Testung ergeben (vgl. Klieme et al. 2008; Leutner et al. 2007; Pellegrino et al. 2001). Leiss und Rakoczy (2013 in diesem Heft) fassen den derzeitigen Forschungsstand zur optimalen Gestaltung von Rückmeldungen aus Kompetenzmessungen zusammen. Es zeichnet sich ab, dass kompetenzbezogene Rückmeldungen mit Bezug auf Kompetenzniveaumodelle bei Schülerinnen und Schülern leistungs- und motivationsförderlicher sind als Rückmeldungen in Form von Schulnoten (vgl. Harks et al. im Druck). Dennoch gibt es bisher zu wenig systematische empirische Forschung zu diesem Themenkomplex, sodass sich nach wie vor eine Fülle offener Forschungsfragen stellen (vgl. Bögeholz und Eggert 2013 in diesem Heft; McElvany und Rjosk 2013 in diesem Heft; Pant 2013 in diesem Heft sowie Leiss und Rakoczy 2013 in diesem Heft). Hierzu gehören unter anderem: Welche Art von diagnostischen Informationen sind für welche Empfänger (einzelne Schüler/-innen, Lehrkräfte, Schulen, Bildungspolitiker/-innen) hilfreich? Wie müssen diese Informationen aufbereitet werden, um von den Empfängern/innen sinnvoll genutzt werden zu können? Unter welchen Bedingungen können Informationen aus Assessment-Programmen auf Systemebene gegebenenfalls auch auf individueller Ebene genutzt werden? Welche Effekte (ggf. negative) können diagnostische Informationen aus standardisierten Kompetenztests auf die Gestaltung von schulischem Unterricht und die diagnostische Praxis von Lehrkräften haben (Stichwort: *washback effects*; vgl. z. B. Cizek 2001; siehe auch McElvany und Rjosk 2013 in diesem Heft)?

Im Rahmen des DFG-Schwerpunktprogramms werden beispielsweise die Effekte unterschiedlicher Arten von Ergebnisrückmeldungen sowohl bei formativen als auch summativen Leistungsbeurteilungen auf die Motivation, Attribution sowie zukünftige Leistungen von Schülerinnen und Schülern untersucht (vgl. Besser et al. 2010; Harks et al. im Druck; Klieme et al. 2010b).

## 5 Fazit

Die oben dargestellten Forschungsbereiche des DFG-Schwerpunktprogramms bauen aufeinander auf. Dementsprechend befassten sich zahlreiche Einzelprojekte des Schwerpunktprogramms in verschiedenen Förderphasen schwerpunktmäßig mit unterschiedlichen Bereichen und Fragestellungen. So begannen die meisten Projekte in der ersten Phase zunächst mit der Entwicklung theoretischer Kompetenzmodelle. In den anschließenden Förderphasen wurden dann – unter Verwendung geeigneter psychometrischer Modelle – Testinstrumente zur Operationalisierung der untersuchten Kompetenzen entwickelt und eingesetzt und in einigen Fällen auch Studien zur Nutzung der gewonnenen Informationen durch verschiedene Akteure/innen im Bildungswesen durchgeführt.

Die Forschungsbereiche des Schwerpunktprogramms und die zugehörigen grundlegenden Fragestellungen beschreiben die zentralen Anforderungen, die sich bei der Modellierung von Kompetenzen stellen. Der oben skizzierte Forschungsstand verdeutlicht, wie im Rahmen des Schwerpunktprogramms mit diesen Anforderungen umgegangen wurde und zeigt, welche Fortschritte hinsichtlich der Kompetenzmodellierung im Bildungsbereich in den letzten Jahren gemacht wurden. Gleichzeitig wird jedoch ebenfalls deutlich, welch anspruchsvolles Unterfangen die theoretisch fundierte und methodisch adäquate Erfassung von Kompetenzen nach wie vor darstellt.

**Danksagung:** Diese Veröffentlichung wurde ermöglicht durch Sachbeihilfen der Deutschen Forschungsgemeinschaft (Kennz.: KL 1057/9-2 und LE 645/11-2) im Schwerpunktprogramm „Kompetenzmodelle zur Erfassung individueller Lernergebnisse und zur Bilanzierung von Bildungsprozessen" (SPP 1293).

## Literatur

Adams, R., & Wu, M. (Hrsg.). (2002). *PISA 2000 technical report*. Paris: OECD.
Artelt, C., & Schneider, W. (2011). Herausforderungen und Möglichkeiten der Diagnose und Modellierung von Kompetenzen und ihrer Entwicklung. Editorial. *Zeitschrift für Entwicklungspsychologie und Pädagogische Psychologie, 43,* 167–172.
Artelt, C., Stanat, P., Schneider, W., & Schiefele, U. (2001). Lesekompetenz: Testkonzeption und Ergebnisse. In Deutsches PISA-Konsortium (Hrsg.), *PISA 2000. Basiskompetenzen von Schülerinnen und Schülern im internationalen Vergleich* (S. 69–137). Opladen: Leske+Budrich.
Artelt, C., Neuenhaus, N., Lingel, K., & Schneider, W. (2012). Entwicklung und wechselseitige Effekte von metakognitiven und bereichsspezifischen Wissenskomponenten in der Sekundarstufe. *Psychologische Rundschau, 63,* 18–25.
Baumert, J., Stanat, P., & Demmrich, A. (2001). PISA 2000: Untersuchungsgegenstand, theoretische Grundlagen und Durchführung der Studie. In Deutsches PISA-Konsortium (Hrsg.), *PISA 2000. Basiskompetenzen von Schülerinnen und Schülern im internationalen Vergleich* (S. 15–68). Opladen: Leske+Budrich.
Bayrhuber, M., Leuders, T., Bruder, R., & Wirtz, M. (2010). Repräsentationswechsel beim Umgang mit Funktionen – Identifikation von Kompetenzprofilen auf der Basis eines Kompetenzstrukturmodells. In E. Klieme, D. Leutner & M. Kenk (Hrsg.), *Kompetenzmodellierung Eine aktuelle Zwischenbilanz des DFG-Schwerpunktprogramms* (56. Beiheft der Zeitschrift für Pädagogik, S. 28–39). Weinheim: Beltz.
Besser, M., Leiss, D., Harks, B., Rakoczy, K., Klieme, E., & Blum, W. (2010). Kompetenzorientiertes Feedback im Mathematikunterricht: Entwicklung und empirische Erprobung prozessbezogener, aufgabenbasierter Rückmeldesituationen. *Empirische Pädagogik, 24,* 404–432.
Blomberg, G., Seidel, T., & Prenzel, M. (2011). Neue Entwicklungen in der Erfassung pädagogisch-psychologischer Kompetenzen von Lehrpersonen [Themenschwerpunkt]. *Unterrichtswissenschaft, 39,* 98–172.
Blossfeld, H.-P., Roßbach, H.-G., & Maurice, J. von. (2011). Education as a lifelong process. The German National Educational Panel Study (NEPS) (14. Sonderheft der Zeitschrift für Erziehungswissenschaft). Wiesbaden: VS Verlag für sozialwissenschaften.
Blum, W., Neubrand, M., Ehmke, T., Senkbeil, M., Jordan, A., Ulfig, F., & Carstensen, C. H. (2004). Mathematische Kompetenz. In PISA-Konsortium Deutschland (Hrsg.), *PISA 2003. Der Bildungsstand der Jugendlichen in Deutschland – Ergebnisse des zweiten internationalen Vergleichs* (S. 47–92). Münster: Waxmann.
Bögeholz, S., & Eggert, S. (2013). Welche Rolle spielt Kompetenzdiagnostik im Rahmen von Lehr-Lernprozessen? In D. Leutner, E. Klieme, J. Fleischer & H. Kuper (Hrsg.), *Kompetenzmodelle zur Erfassung individueller Lernergebnisse und zur Bilanzierung von Bildungsprozessen: aktuelle Diskurse im DFG-Schwerpunktprogramm* (18. Sonderheft der Zeitschrift für Erziehungswissenschaft, doi:10.1007/s11618-013-0384-2). Wiesbaden: VS Verlag für Sozialwissenschaften.
Bremerich-Vos, A., & Böhme, K. (2009). Lesekompetenzdiagnostik – die Entwicklung eines Kompetenzstufenmodells für den Bereich Lesen. In D. Granzer, O. Köller, A. Bremerich-Vos, M. van den Heuvel-Panhuizen, K. Reiss & G. Walther (Hrsg.), *Bildungsstandards Deutsch und Mathematik* (S. 219–249). Weinheim: Beltz.
Bruder, S., Klug, J., Hertel, S., & Schmitz, B. (2010). Modellierung der Beratungskompetenz von Lehrkräften. In E. Klieme, D. Leutner & M. Kenk (Hrsg.), *Kompetenzmodellierung Eine aktuelle Zwischenbilanz des DFG-Schwerpunktprogramms* (56. Beiheft der Zeitschrift für Pädagogik, S. 274–285). Weinheim: Beltz.
Cizek, G. J. (2001). More unintended consequences of high-stakes testing. *Educational Measurement, Issues, and Practice, 20,* 19–28.

Cizek, G. J., & Bunch, M. B. (2007). *Standard-setting: A guide to establishing and evaluating performance standards on tests*. Thousand Oaks: Sage.
Csapó, B. (2004). Knowledge and competencies. In J. Letschert (Hrsg.), *The integrated person. How curriculum development relates to new competencies* (S. 35–49). Enschede: CIDREE/ SLO.
Dörfler, D., Golke, S., & Artelt, C. (2009). Dynamic assessment and its potential for the assessment of reading competence. *Studies in Educational Evaluation, 35,* 77–82.
Dörfler, D., Golke, S., & Artelt, C. (2010). Dynamisches Testen der Lesekompetenz. Theoretische Grundlagen, Konzeption und Testentwicklung. In E. Klieme, D. Leutner & M. Kenk (Hrsg.), *Kompetenzmodellierung Eine aktuelle Zwischenbilanz des DFG-Schwerpunktprogramms* (56. Beiheft der Zeitschrift für Pädagogik, S. 154–164). Weinheim: Beltz.
Duit, R., & Möller, K. (2010). Themenschwerpunkt „Kompetenzdiagnose" [Themenschwerpunkt]. *Zeitschrift für Didaktik der Naturwissenschaften, 16,* 263–327.
Eggert, S., Bögeholz, S., Watermann, R., & Hasselhorn, M. (2010). Förderung von Bewertungskompetenz im Biologieunterricht durch zusätzliche Strukturierungshilfen beim Kooperativen Lernen – Ein Beispiel für Veränderungsmessung. *Zeitschrift für Didaktik der Naturwissenschaften, 16,* 299–314.
Embretson, S. E. (1983). Construct validity: Construct representation versus nomothetic span. *Psychological Bulletin, 93,* 179–197.
Embretson, S. E., & Reise, S. (2000). *Item response theory for psychologists*. Mahwah: Erlbaum.
Fischer, G. H. (1997). Unidimensional linear logistic rasch models. In W. J. van der Linden & R. K. Hambleton (Hrsg.), *Handbook of modern item response theory* (S 225–243). New York: Springer.
Fleischer, J., Wirth, J., Rumann, S., & Leutner, D. (2010). Strukturen fächerübergreifender und fachlicher Problemlösekompetenz – Analyse von Aufgabenprofilen. In E. Klieme, D. Leutner & M. Kenk (Hrsg.), *Kompetenzmodellierung Eine aktuelle Zwischenbilanz des DFG-Schwerpunktprogramms* (56. Beiheft der Zeitschrift für Pädagogik, S. 239–248). Weinheim: Beltz.
Fleischer, J., Leutner, D., & Klieme, E. (2012). Modellierung von Kompetenzen im Bereich der Bildung: Eine psychologische Perspektive (Themenheft der Psychologische Rundschau, Vol. 63(1)). Göttingen: Hogrefe Verlag.
Frey, A., & Hartig, J. (2009). Assessment of competencies [Special section]. *Studies in Educational Evaluation, 35,* 55–101.
Frey, A., & Hartig, J. (2013). Wann sollten computerbasierte Verfahren zur Messung von Kompetenzen anstelle von papier- und bleistift-basierten Verfahren eingesetzt werden? In D. Leutner, E. Klieme, J. Fleischer & H. Kuper (Hrsg.), *Kompetenzmodelle zur Erfassung individueller Lernergebnisse und zur Bilanzierung von Bildungsprozessen: aktuelle Diskurse im DFG-Schwerpunktprogramm* (18. Sonderheft der Zeitschrift für Erziehungswissenschaft, doi: 10.1007/s11618-013-0385-1). Wiesbaden: VS Verlag für Sozialwissenschaften.
Frey, A., & Seitz, N.-N. (2009). Multidimensional adaptive testing in educational and psychological measurement: Current state and future challenges. *Studies in Educational Evaluation, 35,* 89–94.
Frey, A., & Seitz, N.-N. (2010). Multidimensionale adaptive Kompetenzdiagnostik: Ergebnisse zur Messeffizienz. In E. Klieme, D. Leutner & M. Kenk (Hrsg.), *Kompetenzmodellierung Eine aktuelle Zwischenbilanz des DFG-Schwerpunktprogramms* (56. Beiheft der Zeitschrift für Pädagogik, S. 40–51). Weinheim: Beltz.
Gausmann, W., Eggert, S., Hasselhorn, M., Watermann, R., & Bögeholz, S. (2010). Wie verarbeiten Schüler/-innen Sachinformationen in Problem- und Entscheidungssituationen Nachhaltiger Entwicklung? In E. Klieme, D. Leutner & M. Kenk (Hrsg.), *Kompetenzmodellierung Eine aktuelle Zwischenbilanz des DFG-Schwerpunktprogramms* (56. Beiheft der Zeitschrift für Pädagogik, S. 204–215). Weinheim: Beltz.

Granzer, D., Köller, O., Bremerich-Vos, A., van den Heuvel-Panhuizen, M., Reiss, K., & Walther, G. (2009). *Bildungsstandards Deutsch und Mathematik*. Weinheim: Beltz.
Gräsel, C., Krolak-Schwerdt, S., Nölle, I., & Hörstermann, T. (2010). Diagnostische Kompetenz von Grundschullehrkräften bei der Erstellung der Übergangsempfehlung. Eine Analyse aus der Perspektive der sozialen Urteilsbildung. In E. Klieme, D. Leutner & M. Kenk (Hrsg.), *Kompetenzmodellierung Eine aktuelle Zwischenbilanz des DFG-Schwerpunktprogramms* (56. Beiheft der Zeitschrift für Pädagogik, S. 286–295). Weinheim: Beltz.
Greiff, S., & Funke, J. (2009). Measuring complex problem solving – The microDYN approach. In F. Scheuermann & J. Björnsson (Hrsg.), *The transition to computer-based assessment. New approaches to skills assessment and implications for large-scale testing* (S. 157–163). Luxembourg: Office for Official Publications of the European Communities.
Greiff, S., & Funke, J. (2010). Systematische Erforschung komplexer Problemlösefähigkeit anhand minimal komplexer Systeme. In E. Klieme, D. Leutner & M. Kenk (Hrsg.), *Kompetenzmodellierung Eine aktuelle Zwischenbilanz des DFG-Schwerpunktprogramms* (56. Beiheft der Zeitschrift für Pädagogik, S. 216–227). Weinheim: Beltz.
Gschwendtner, T., Geißel, B., & Nickolaus, R. (2010). Modellierung beruflicher Fachkompetenz in der gewerblich-technischen Grundbildung. In E. Klieme, D. Leutner & M. Kenk (Hrsg.), *Kompetenzmodellierung Eine aktuelle Zwischenbilanz des DFG-Schwerpunktprogramms* (56. Beiheft der Zeitschrift für Pädagogik, S. 258–269). Weinheim: Beltz.
Hardy, I., Kleickmann, T., Koerber, S., Mayer, D., Möller, K., Pollmeier, J., Schwippert, K., & Sodian, B. (2010). Die Modellierung naturwissenschaftlicher Kompetenz im Grundschulalter. In E. Klieme, D. Leutner & M. Kenk (Hrsg.), *Kompetenzmodellierung Eine aktuelle Zwischenbilanz des DFG-Schwerpunktprogramms* (56. Beiheft der Zeitschrift für Pädagogik, S. 115–125). Weinheim: Beltz.
Harks, B., Rakoczy, K., Klieme, E., Hattie, J., & Besser, M. (im Druck). Indirekte und moderierte Effekte von Rückmeldung auf Leistung und Motivation. In H. Ditton & A. Müller (Hrsg.), *Rückmeldungen: Theoretische Grundlagen, empirische Befunde, praktische Anwendungsfelder*. München: Waxmann.
Harsch, C., Pant, H. A., & Köller, O. (2010). *Calibrating standards-based assessment tasks for English as a first foreign language. Standard-setting procedures in Germany*. Münster: Waxmann.
Hartig, J. (2007). Skalierung und Definition von Kompetenzniveaus. In B. Beck & E. Klieme (Hrsg.), *Sprachliche Kompetenzen. Konzepte und Messung – DESI-Studie* (S. 72–82). Weinheim: Beltz.
Hartig, J. (2008). Psychometric models for the assessment of competencies. In J. Hartig, E. Klieme & D. Leutner (Hrsg.), *Assessment of competencies in educational contexts* (S. 69–90). Göttingen: Hogrefe.
Hartig, J., & Frey, A. (2012). Konstruktvalidierung und Skalenbeschreibung in der Kompetenzdiagnostik durch die Vorhersage von Aufgabenschwierigkeiten. *Psychologische Rundschau, 63*, 43–49.
Hartig, J., & Frey, A. (2013). Sind Modelle der Item-Response-Theorie (IRT) das „Mittel der Wahl" für die Modellierung von Kompetenzen? In D. Leutner, E. Klieme, J. Fleischer & H. Kuper (Hrsg.), *Kompetenzmodelle zur Erfassung individueller Lernergebnisse und zur Bilanzierung von Bildungsprozessen: aktuelle Diskurse im DFG-Schwerpunktprogramm* (18. Sonderheft der Zeitschrift für Erziehungswissenschaft, doi:10.1007/s11618-013-0386-0). Wiesbaden: VS Verlag für Sozialwissenschaften.
Hartig, J., & Höhler, J. (2008). Representation of competencies in multidimensional IRT models with within-Item and between-Item multidimensionality. *Zeitschrift für Psychologie/Journal of Psychology, 216*, 89–101.
Hartig, J., & Höhler, J. (2009). Multidimensional IRT models for the assessment of competencies. *Studies in Educational Evaluation, 35*, 57–63.

Hartig, J., & Jude, N. (2008). Strukturen sprachlicher Kompetenzen. In E. Klieme, W. Eichler, A. Helmke, R. Lehmann, G. Nold, H.-G. Rolff, K. Schröder, G. Thomé & H. Willenberg (Hrsg.), *Unterricht und Kompetenzerwerb in Deutsch und Englisch. Ergebnisse der DESI-Studie* (S. 191–201). Weinheim: Beltz.

Hartig, J., & Klieme, E. (2006). Kompetenz und Kompetenzdiagnostik. In K. Schweizer (Hrsg.), *Leistung und Leistungsdiagnostik* (S. 127–143). Heidelberg: Springer.

Hartig, J., & Klieme, E. (2007). *Möglichkeiten und Voraussetzungen technologiebasierter Kompetenzdiagnostik*. Berlin: BMBF.

Hartig, J., Klieme, E., & Leutner, D. (2008). *Assessment of competencies in educational contexts*. Göttingen: Hogrefe.

Helmke, A., & Hosenfeld, I. (2004). Vergleichsarbeiten – Standards – Kompetenzstufen: Begriffliche Klärungen und Perspektiven. In M. Wosnitza, R. S. Jäger & A. Frey (Hrsg.), *Lernprozesse, Lernumgebung und Lerndiagnostik. Wissenschaftliche Beiträge zum Lernen im 21. Jahrhundert* (S. 56–75). Landau: Empirische Pädagogik.

Holling, H., Bertling, J. P., & Zeuch, N. (2009). Automatic item generation of probability word problems. *Studies in Educational Evaluation, 35,* 71–76.

Hosenfeld, I., Koch, U., Groß Ophoff, J., & Scherthan, F. (2008). Projekt VERA: Ergebnisorientierte Unterrichtsentwicklung durch internetgestützte externe Evaluation? In A. Breiter, A. Lange & E. Stauke (Hrsg.), *Schulinformationssysteme und datengestützte Entscheidungsprozesse* (S. 49–59). Bern: Peter Lang.

Hülür, G., Wilhelm, O., & Robitzsch, A. (2011). Multivariate Veränderungsmodelle für Schulnoten und Schülerleistungen in Deutsch und Mathematik. *Zeitschrift für Entwicklungspsychologie und Pädagogische Psychologie, 43,* 173–185.

Jahn, G., Prenzel, M., Stürmer, K., & Seidel, T. (2011). Varianten einer computergestützten Erhebung von Lehrerkompetenzen: Untersuchungen zu Anwendungen des Tools Observer. *Unterrichtswissenschaft, 39,* 136–153.

Klieme, E. (2004). Was sind Kompetenzen und wie lassen sie sich messen? *Pädagogik, 56,* 10–13.

Klieme, E., & Hartig, J. (2007). Kompetenzkonzepte in den Sozialwissenschaften und im erziehungswissenschaftlichen Diskurs. In I. Gogolin, M. Prenzel & H.-H. Krüger (Hrsg.), *Kompetenzdiagnostik* (8. Sonderheft der Zeitschrift für Erziehungswissenschaft, S. 11–29). Wiesbaden: VS Verlag für Sozialwissenschaften.

Klieme, E., & Leutner, D. (2006). Kompetenzmodelle zur Erfassung individueller Lernergebnisse und zur Bilanzierung von Bildungsprozessen. Beschreibung eines neu eingerichteten Schwerpunktprogramms der DFG. *Zeitschrift für Pädagogik, 52,* 876–903.

Klieme, E., Hartig, J., & Rauch, D. (2008). The Concept of competence in educational contexts. In J. Hartig, E. Klieme & D. Leutner (Hrsg.), *Assessment of competencies in educational contexts* (S. 3–22). Göttingen: Hogrefe.

Klieme, E., Leutner, D., & Kenk, M. (2010a). Kompetenzmodellierung – Zwischenbilanz des DFG-Schwerpunktprogramms und Perspektiven des Forschungsansatzes (56. Beiheft der Zeitschrift für Pädagogik). Weinheim: Beltz.

Klieme, E., Bürgermeister, A., Harks, B., Blum, W., Leiß, D., & Rakoczy, K. (2010b). Leistungsbeurteilung und Kompetenzmodellierung im Mathematikunterricht.

Klieme, E., Artelt, C., Hartig, J., Jude, N., Köller, O., Prenzel, M., Schneider, W., & Stanat, P. (2010c). *PISA 2009. Bilanz nach einem Jahrzehnt*. Münster: Waxmann.

Klug, J., Bruder, S., Keller, S., & Schmitz, B. (2012). Hängen Diagnostische Kompetenz und Beratungskompetenz von Lehrkräften zusammen? Eine korrelative Untersuchung. *Psychologische Rundschau, 63,* 3–10.

Koeppen, K., Hartig, J., Klieme, E., & Leutner, D. (2008). Current issues in competence modelling and assessment. *Zeitschrift für Psychologie/Journal of Psychology, 216,* 61–73.

Koerber, S., Sodian, B., Kropf, N., Mayer, D., & Schwippert, K. (2011). Die Entwicklung des wissenschaftlichen Denkens im Grundschulalter: Theorieverständnis, Experimentierstrategien, Dateninterpretation. *Zeitschrift für Entwicklungspsychologie und Pädagogische Psychologie, 43*, 16–21.

Köller, O. (2009). Bildungsstandards. In R. Tippelt & B. Schmidt (Hrsg.), *Handbuch Bildungsforschung* (S. 529–548). Wiesbaden: VS Verlag für Sozialwissenschaften.

Kunina-Habenicht, O., Rupp, A. A., & Wilhelm, O. (2009). A practical illustration of multidimensional diagnostic skills profiling: Comparing results from confirmatory factor analysis and diagnostic classification models. *Studies in Educational Evaluation, 35*, 64–70.

Kunina-Habenicht, O., Wilhelm, O., Matthes, F., & Rupp, A. A. (2010). Kognitive Diagnosemodelle: theoretisches Potential und methodische Probleme. In E. Klieme, D. Leutner & M. Kenk (Hrsg.), *Kompetenzmodellierung Eine aktuelle Zwischenbilanz des DFG-Schwerpunktprogramms* (56. Beiheft der Zeitschrift für Pädagogik, S. 75–85). Weinheim: Beltz.

Leiss, D., & Rakoczy, K. (2013). Wie können Ergebnisse der Kompetenzdiagnostik in Forschungsprojekten sinnvoll zurückgemeldet werden? In D. Leutner, E. Klieme, J. Fleischer & H. Kuper (Hrsg.), *Kompetenzmodelle zur Erfassung individueller Lernergebnisse und zur Bilanzierung von Bildungsprozessen: aktuelle Diskurse im DFG-Schwerpunktprogramm* (18. Sonderheft der Zeitschrift für Erziehungswissenschaft, doi:10.1007/s11618-013-0389-x). Wiesbaden: VS Verlag für Sozialwissenschaften.

Leucht, M., Harsch, C., Pant, H. A., & Köller, O. (2012). Steuerung zukünftiger Aufgabenentwicklung durch Vorhersage der Schwierigkeiten eines Tests für die erste Fremdsprache Englisch durch Dutch Grid Merkmale. *Diagnostica, 58*, 31–44.

Leuders, T., & Biehler, R. (im Druck). Kompetenzmodellierung für den Mathematikunterricht (Themenheft des Journals für Mathematik-Didaktik). Heidelberg: Springer.

Leuders, T., & Sodian, B. (2013). Inwiefern sind Kompetenzmodelle dazu geeignet kognitive Prozesse von Lernenden zu beschreiben? In D. Leutner, E. Klieme, J. Fleischer & H. Kuper (Hrsg.), *Kompetenzmodelle zur Erfassung individueller Lernergebnisse und zur Bilanzierung von Bildungsprozessen: aktuelle Diskurse im DFG-Schwerpunktprogramm* (18. Sonderheft der Zeitschrift für Erziehungswissenschaft, doi:10.1007/s11618-013-0381-5). Wiesbaden: VS Verlag für Sozialwissenschaften.

Leutner, D., Fleischer, J., Spoden, C., & Wirth, J. (2007). Landesweite Lernstandserhebungen zwischen Bildungsmonitoring und Individualdiagnostik. In I. Gogolin, M. Prenzel & H.-H. Krüger (Hrsg.), *Kompetenzdiagnostik* (8. Sonderheft der Zeitschrift für Erziehungswissenschaft, S. 149–167). Wiesbaden: VS Verlag für Sozialwissenschaften.

Leutner, D., Fleischer, J., Wirth, J., Greiff, S., & Funke, J. (2012). Analytische und dynamische Problemlösekompetenz im Lichte internationaler Schulleistungsvergleichsstudien. Untersuchungen zur Dimensionalität. *Psychologische Rundschau, 63*, 34–42.

Lingel, K., Neuenhaus, N., Artelt, C., & Schneider, W. (2010). Metakognitives Wissen in der Sekundarstufe: Konstruktion und Evaluation domänenspezifischer Messverfahren. In E. Klieme, D. Leutner & M. Kenk (Hrsg.), *Kompetenzmodellierung Eine aktuelle Zwischenbilanz des DFG-Schwerpunktprogramms* (56. Beiheft der Zeitschrift für Pädagogik, S. 228–238). Weinheim: Beltz.

McElvany, N., & Rjosk, C. (2013). Wann kann Kompetenzdiagnostik negative Auswirkungen haben? In D. Leutner, E. Klieme, J. Fleischer & H. Kuper (Hrsg.), *Kompetenzmodelle zur Erfassung individueller Lernergebnisse und zur Bilanzierung von Bildungsprozessen: aktuelle Diskurse im DFG-Schwerpunktprogramm* (18. Sonderheft der Zeitschrift für Erziehungswissenschaft, doi:10.1007/s11618-013-0387-z). Wiesbaden: VS Verlag für Sozialwissenschaften.

Neubrand, M., Klieme, E., Lüdtke, O., & Neubrand, J. (2002). Kompetenzstufen und Schwierigkeitsmodelle für den PISA-Test zur mathematischen Grundbildung. *Unterrichtswissenschaft, 30*, 100–119.

Neumann, K. (2013). Mit welchem Auflösungsgrad können Kompetenzen modelliert werden? In welcher Beziehung stehen Modelle zueinander, die Kompetenz in einer Domäne mit unterschiedlichem Auflösungsgrad beschreiben? In D. Leutner, E. Klieme, J. Fleischer & H. Kuper (Hrsg.), *Kompetenzmodelle zur Erfassung individueller Lernergebnisse und zur Bilanzierung von Bildungsprozessen: aktuelle Diskurse im DFG-Schwerpunktprogramm* (18. Sonderheft der Zeitschrift für Erziehungswissenschaft, doi:10.1007/s11618-013-0382-4). Wiesbaden: VS Verlag für Sozialwissenschaften.

Pant, H. A. (2013). Wer hat einen Nutzen von Kompetenzmodellen? In D. Leutner, E. Klieme, J. Fleischer & H. Kuper (Hrsg.), *Kompetenzmodelle zur Erfassung individueller Lernergebnisse und zur Bilanzierung von Bildungsprozessen: aktuelle Diskurse im DFG-Schwerpunktprogramm* (18. Sonderheft der Zeitschrift für Erziehungswissenschaft, doi:10.1007/s11618-013-0388-y). Wiesbaden: VS Verlag für Sozialwissenschaften.

Pant, H. A., Tiffin-Richards, S. P., & Köller, O. (2010). Standard-Setting für Kompetenztests im Large-Scale-Assessment. In E. Klieme, D. Leutner & M. Kenk (Hrsg.), *Kompetenzmodellierung Eine aktuelle Zwischenbilanz des DFG-Schwerpunktprogramms* (56. Beiheft der Zeitschrift für Pädagogik, S. 175–188). Weinheim: Beltz.

Pant, H. A., Böhme, K., & Köller, O. (2012). Das Kompetenzkonzept der Bildungsstandards und die Entwicklung von Kompetenzstufenmodellen. In P. Stanat, H. A. Pant, K. Böhme & D. Richter (Hrsg.), *Kompetenzen von Schülerinnen und Schülern am Ende der vierten Jahrgangsstufe in den Fächern Deutsch und Mathematik* (S. 49–55). Münster: Waxmann.

Pellegrino, J. W., Chudowsky, N., & Glaser, R. (2001). *Knowing what students know. The science and design of educational assessment*. Washington, DC: National Academic Press.

PISA-Konsortium Deutschland (2006). *PISA 2003. Untersuchungen zur Kompetenzentwicklung im Verlauf eines Schuljahres*. Münster: Waxmann.

Prenzel, M., Schöps, K., Rönnebeck, S., Senkbeil, M., Walter, O., Carstensen, C. H., & Hammann, M. (2007). Naturwissenschaftliche Kompetenz im internationalen Vergleich. In PISA-Konsortium Deutschland (Hrsg.), *PISA 2006 – Die Ergebnisse der dritten internationalen Vergleichsstudie* (S. 63–105). Münster: Waxmann.

Reckase, M. D. (2009). *Multidimensional item response theory*. Dordrecht: Springer.

Reiss, K., & Winkelmann, H. (2009). Kompetenzstufenmodelle für das Fach Mathematik im Primarbereich. In D. Granzer, O. Köller, A. Bremerich-Vos, M. van den Heuvel-Panhuizen, K. Reiss & G. Walther (Hrsg.), *Bildungsstandards Deutsch und Mathematik* (S. 120–141). Weinheim: Beltz.

Robitzsch, A. (2013). Wie robust sind Struktur- und Niveaumodelle? Wie zeitlich stabil und über Situationen hinweg konstant sind Kompetenzen? In D. Leutner, E. Klieme, J. Fleischer & H. Kuper (Hrsg.), *Kompetenzmodelle zur Erfassung individueller Lernergebnisse und zur Bilanzierung von Bildungsprozessen: aktuelle Diskurse im DFG-Schwerpunktprogramm* (18. Sonderheft der Zeitschrift für Erziehungswissenschaft, doi:10.1007/s11618-013-0383-3). Wiesbaden: VS Verlag für Sozialwissenschaften.

Robitzsch, A., Dörfler, T., Pfost, M., & Artelt, C. (2011). Die Bedeutung der Itemauswahl und der Modellwahl für die längsschnittliche Erfassung von Kompetenzen. Lesekompetenzentwicklung in der Primarstufe. *Zeitschrift für Entwicklungspsychologie und Pädagogische Psychologie, 43*, 213–227.

Roick, T., Stanat, P., Dickhäuser, O., Frederking, V., Meier, C., & Steinhauer, L. (2010). Strukturelle und kriteriale Validität der literarästhetischen Urteilskompetenz. In E. Klieme, D. Leutner & M. Kenk (Hrsg.), *Kompetenzmodellierung Eine aktuelle Zwischenbilanz des DFG-Schwerpunktprogramms* (56. Beiheft der Zeitschrift für Pädagogik, S. 165–174). Weinheim: Beltz.

Rost, J. (2004). *Lehrbuch Testtheorie – Testkonstruktion* (2. Aufl.). Bern: Huber.

Rupp, A. A., Leucht, M., & Hartung, R. (2006). „Die Kompetenzbrille aufsetzen". Verfahren zur multiplen Klassifikation von Lernenden für Kompetenzdiagnostik in Unterricht und Testung. *Unterrichtswissenschaft, 34*, 195–219.

Rupp, A. A., Vock, M., Harsch, C., & Köller, O. (2008). *Developing standards-based assessment tasks for English as a first foreign language – Context, processes, and outcomes in Germany*. Münster: Waxmann.
Rupp, A. A., Templin, J., & Henson, R. A. (2010). *Diagnostic measurement. Theory, methods, and applications*. New York: Guilford.
Schaper, N., Ulbricht, T., & Hochholdinger, S. (2008). Zusammenhang von Anforderungsmerkmalen und Schwierigkeitsparametern der *MT21*-Items. In S. Blömeke, G. Kaiser & R. Lehmann (Hrsg.), *Professionelle Kompetenz angehender Lehrerinnen und Lehrer. Wissen, Überzeugungen und Lerngelegenheiten deutscher Mathematikstudierender und -referendare. Erste Ergebnisse zur Wirksamkeit der Lehrerausbildung* (S. 453–480). Münster: Waxmann.
Schnotz, W., Horz, H., McElvany, N., Schroeder, S., Ullrich, M., Baumert, J., Hachfeld, A., & Richter, T. (2010). Das BITE-Projekt: Integrative Verarbeitung von Texten und Bildern in der Sekundarstufe I. In E. Klieme, D. Leutner & M. Kenk (Hrsg.), *Kompetenzmodellierung Eine aktuelle Zwischenbilanz des DFG-Schwerpunktprogramms* (56. Beiheft der Zeitschrift für Pädagogik, S. 143–153). Weinheim: Beltz.
Schütte, M., Wirth, J., & Leutner, D. (2012). Lernstrategische Teilkompetenzen für das selbstregulierte Lernen aus Sachtexten. *Psychologische Rundschau, 63*, 26–33.
Seidel, T., Blomberg, G., & Stürmer, K. (2010). „OBSERVER" – Validierung eines videobasierten Instruments zur Erfassung der professionellen Wahrnehmung von Unterricht. In E. Klieme, D. Leutner & M. Kenk (Hrsg.), *Kompetenzmodellierung Eine aktuelle Zwischenbilanz des DFG-Schwerpunktprogramms* (56. Beiheft der Zeitschrift für Pädagogik, S. 296–306). Weinheim: Beltz.
Stanat, P., Pant, H. A., Böhme, K., & Richter, D. (Hrsg.). (2012). *Kompetenzen von Schülerinnen und Schülern am Ende der vierten Jahrgangsstufe in den Fächern Deutsch und Mathematik*. Münster: Waxmann.
Tesch, B., Porsch, R., Leupold, E., Grotjahn, R., Kleppin, K., Frenzel, J., Harsch, C., Leucht, M., Pant, H. A., Rupp, A. A., Tiffin-Richards, S. P., & Köller, O. (2010). Kompetenzstufenmodelle für Lese- und Hörverstehen in der ersten Fremdsprache. In O. Köller, M. Knigge & B. Tesch (Hrsg.), *Sprachliche Kompetenzen im Ländervergleich* (S. 50–63). Münster: Waxmann.
Viering, T., Fischer, H. E., & Neumann, K. (2010). Die Entwicklung physikalischer Kompetenz in der Sekundarstufe I. In E. Klieme, D. Leutner & M. Kenk (Hrsg.), *Kompetenzmodellierung Eine aktuelle Zwischenbilanz des DFG-Schwerpunktprogramms* (56. Beiheft der Zeitschrift für Pädagogik, S. 92–103). Weinheim: Beltz.
von Davier, M., DiBello, L., & Yamamoto, K. (2008). Reporting Test outcomes using models for cognitive diagnosis. In J. Hartig, E. Klieme & D. Leutner (Hrsg.), *Assessment of competencies in educational contexts* (S. 151–174). Göttingen: Hogrefe.
Vosniadou, S. (2008). *Handbook of research on conceptual change*. Mahwah: Erlbaum.
Voss, A., Carstensen, C. H., & Bos, W. (2005). Textgattungen und Verstehensaspekte: Analysen von Leseverständnis aus den Daten der IGLU-Studie. In W. Bos, E.-M. Lankes, M. Prenzel, K. Schwippert, R. Valtin & G. Walther (Hrsg.), *IGLU. Vertiefende Analysen zu Leseverständnis, Rahmenbedingungen und Zusatzstudien* (S. 1–79). Münster: Waxmann.
Watermann, R., & Klieme, E. (2002). Reporting results of large-scale assessment in psychologically and educationally meaningful terms. Construct validation and proficiency scaling in TIMSS. *European Journal of Psychological Assessment, 18*, 190–203.
Weinert, F. E. (2001). Concept of competence: A conceptual clarification. In D. S. Rychen & L. H. Salganik (Hrsg.), *Defining and selecting key competencies* (S. 45–65). Seattle: Hogrefe.
Whitely, S. E. (1980). Multicomponent latent trait models for ability tests. *Psychometrika, 45*, 479–494.

Wilhelm, O., & Nickolaus, R. (2013). Was grenzt das Kompetenzkonzept von etablierten Kategorien wie Fähigkeit, Fertigkeit oder Intelligenz ab? In D. Leutner, E. Klieme, J. Fleischer & H. Kuper (Hrsg.), *Kompetenzmodelle zur Erfassung individueller Lernergebnisse und zur Bilanzierung von Bildungsprozessen: aktuelle Diskurse im DFG-Schwerpunktprogramm* (18. Sonderheft der Zeitschrift für Erziehungswissenschaft, doi:10.1007/s11618-013-0380-6). Wiesbaden: VS Verlag für Sozialwissenschaften.

Wilson, M. (2003). On choosing a model for measuring. *Methods of Psychological Research Online, 8,* 1–22.

Wilson, M. (2005). *Constructing measures. An item response modelling approach.* Mawah: Erlbaum.

Wilson, M., de Boeck, P., & Carstensen, C. (2008). Explanatory item response models: A brief introduction. In J. Hartig, E. Klieme & D. Leutner (Hrsg.), *Assessment of competencies in educational contexts* (S. 91–120). Göttingen: Hogrefe.

Winkelmann, H., Robitzsch, A., Stanat, P., & Köller, O. (2012). Mathematische Kompetenzen in der Grundschule. Struktur, Validierung und Zusammenspiel mit allgemeinen kognitiven Fähigkeiten. *Diagnostica, 58,* 15–30.

Winther, E. (2011). Das ist doch nicht fair! – Mehrdimensionalität und Testfairness in kaufmännischen Assessments. *Zeitschrift für Berufs- und Wirtschaftspädagogik, 107,* 218–238.

Zeuch, N., Geerlings, H., Holling, H., van der Linden, W. J., & Bertling, J. P. (2010). Regelgeleitete Konstruktion von statistischen Textaufgaben. Anwendung von linear logistischen Testmodellen und Aufgabencloning. In E. Klieme, D. Leutner & M. Kenk (Hrsg.), *Kompetenzmodellierung Eine aktuelle Zwischenbilanz des DFG-Schwerpunktprogramms* (56. Beiheft der Zeitschrift für Pädagogik, S. 52–63). Weinheim: Beltz.

# Was grenzt das Kompetenzkonzept von etablierten Kategorien wie Fähigkeit, Fertigkeit oder Intelligenz ab?

Oliver Wilhelm · Reinhold Nickolaus

**Zusammenfassung:** Nach einer Konkretisierung des Konzeptes „Kompetenz" im Rahmen des Schwerpunktprogramms bemühen wir uns um eine Einordnung neuerer kompetenzdiagnostischer Anstrengungen im Lichte etablierter Unterscheidungen. Neben Cronbachs Differenzierung von typischem Verhalten und maximaler Anstrengung und Cattells Unterscheidung von Fragebogen und Testdaten sind Abgrenzungen gegenüber etablierten Oberbegriffen wie etwa „Fähigkeit", „Fertigkeit", „Talent" oder auch „Intelligenz" wünschenswert und erforderlich. Der Nutzen des Kompetenzbegriffs relativ zu etablierten Begriffen sollte zukünftig eindeutig aufgezeigt werden.

**Schlüsselwörter:** Kompetenz · Fähigkeit · Fertigkeit · Intelligenz

## What distinguishes the concept of competence from established categories such as ability, skill or intelligence?

**Abstract:** Following a specification of the concept "competence" as it is applied in the context of the priority program we place recent efforts on competence assessment within established distinctions. Besides Cronbach's differentiation of typical behavior and maximal effort and Cattell's demarcation of test and questionnaire data additional discriminations against broader terms such as "ability", "skill", "talent" but also "intelligence" are desirable and necessary. The utility of the concept of competence relative to established terms needs to be demonstrated unequivocally in the future.

**Keywords:** Ability · Competence · Intelligence · Skill

---

© Springer Fachmedien Wiesbaden 2013

Prof. Dr. O. Wilhelm (✉)
Institut für Psychologie und Pädagogik, Universität Ulm,
89069 Ulm, Deutschland
E-Mail: oliver.wilhelm@uni-ulm.de

Prof. Dr. R. Nickolaus
Abteilung Berufs-, Wirtschafts- und Technikpädagogik, Universität Stuttgart,
Geschwister-Scholl-Straße 24D, 70174 Stuttgart, Deutschland
E-Mail: nickolaus@bwt.uni-stuttgart.de

Die im Rahmen des Schwerpunktprogramms (SPP) „Kompetenzmodelle zur Erfassung individueller Lernergebnisse und zur Bilanzierung von Bildungsprozessen" vorgenommene bewusste Konzentration auf kognitive Aspekte von Kompetenzen und die damit einhergehende Ausklammerung von Handlungskompetenzen erfolgte – wie bei Fleischer et al. (2013 in diesem Heft) dargestellt – primär unter Zweckmäßigkeitserwägungen und war nicht mit dem Anspruch verbunden, den Kompetenzbegriff generell auf kognitive Aspekte zu begrenzen. Die vorgenommene Fokussierung ist vielmehr mit der Auffassung Weinerts (2001) vereinbar, kognitive und motivationale/volitionale Aspekte von Kompetenzen getrennt zu erforschen. Damit ist auch die Voraussetzung geschaffen, etwaige Zusammenhänge zwischen kognitiven und nicht-kognitiven Kompetenzaspekten zu problematisieren und die Rolle externer Einflüsse (Anforderungen, Aufgaben, Tätigkeiten) zu analysieren. Die Trennung kognitiver und nicht-kognitiver Anteile umschriebener Kompetenzen ist möglicherweise bei sozialen Kompetenzen (z. B. Kommunikationsfähigkeit) weniger funktional als im Bereich fachlicher Kompetenzen. Variationen dieser Trennung bedürfen offensichtlich weiterer empirischer Erforschung. Trotz der Fokussierung auf kognitive Aspekte ist im Rahmen der Untersuchung von Kompetenzen die Abgrenzung motivationaler/volitionaler Aspekte von Kompetenzen (z. B. im Sinne etwaiger metamotivationaler Anstrengungen, die eigene Motivationsentwicklung zu steuern) gegenüber etablierten Selbstberichtsdimensionen jedoch ebenso zu leisten, wie eine weitergehende Klärung geeigneter Operationalisierungen – etwa im Sinne von Persönlichkeitsfähigkeiten (vgl. Riemann 1997).

Kompetenzdiagnostische Verfahren beziehen sich – die hier nicht besprochenen motivationalen Aspekte ausdrücklich ausgeschlossen – im Sinne der auf Cronbach (vgl. 1949) zurückgehenden Unterscheidung von typischem Verhalten und maximaler Anstrengung auf maximale Anstrengung. Es handelt sich bei kompetenzdiagnostischen Verfahren folglich um Instrumente zur Erfassung von Denkleistungen. In aller Regel werden diese Leistungen als latente Fähigkeiten verstanden. Typisches Verhalten wird in der Regel durch Selbstberichte, häufig über Präferenzen und Valenzen erfasst (*questionnaire data* sensu Cattell 1946). Verfahren, die maximale Anstrengung abbilden, lassen sich wie folgt charakterisieren: a) die untersuchte Person ist sich der Tatsache bewusst, dass ihre Leistung beurteilt wird; b) sie ist willens und in der Lage, maximale Leistung zu zeigen; c) die Bewertungsstandards des Verhaltens sind zur Fällung eines diagnostischen Urteils angemessen (vgl. Sackett et al. 1988). Gerade der zuletzt vorgebrachte Teil der Charakterisierung wird forschungspraktisch durchgängig so umgesetzt, dass zur Verhaltensbeurteilung objektive Leistungsstandards herangezogen werden. Verfahren, die maximale Anstrengung abbilden (*test data* sensu Cattell 1946), sind – in klarer Abgrenzung zu Instrumenten, die typisches Verhalten abbilden – leistungsbasiert; sie erfordern eine externe Verhaltensbewertung, sie führen in der Regel zu minimalen Antwortverzerrungen, ihre Administration ist langwierig und aufwändig und sie erfassen vorgeblich „Fähigkeiten", „Fertigkeiten", „Talente", „Begabungen" oder beispielsweise „Kompetenzen". Um in der Kompetenzdiagnostik mehr Kohärenz zu stiften, wäre es wünschenswert, wenn die im Sinne kontextspezifischer kognitiver Leistungsdispositionen definierten Kompetenzen (vgl. Fleischer et al. 2013 in diesem Heft) und die zugehörigen Messinstrumente trennscharf von anderen in der Leistungsdiagnostik gebräuchlichen Konzepten unterschieden werden könnten. Zu diesen Konzepten zählen unter anderem die Begriffe Leistung,

Fähigkeit, Begabung, Eignung, Fertigkeit, Tüchtigkeit, Talent und Performanz sowie die Begriffe Lernen, Wissen und Intelligenz. Zum Teil sind diese Begriffe weitgehend redundant (etwa Fähigkeit und Begabung) und – noch entscheidender – die Begriffe eignen sich nicht für eine trennscharfe Klassifikation vorhandener Tests (vgl. Bond 1989) oder von Messansätzen – ein Umstand der voraussichtlich auch auf Kompetenztests zutrifft. Tatsächlich reflektieren diese Konzepte in erster Linie separierte Forschungstraditionen zu kognitiven Leistungen, deren verstärkte Zusammenführung in zukünftigen Forschungsanstrengungen wünschenswert wäre (vgl. Snow und Lohman 1984). Das setzt allerdings begriffliche Schärfungen und empirische Untersuchungen zu bestehenden Zusammenhängen voraus.

Der Begriff „Lernen" kann als ein Prozess kognitiver Veränderungen verstanden werden und referiert daher – in Abgrenzung zum Begriff „Kompetenz" – nicht auf Dispositionskonstrukte oder individuelle Unterschiede in latenten Verhaltensbereitschaften (siehe jedoch die Arbeiten zur Lernfähigkeit, etwa von Guthke und Beckmann 2001). Auf eine Abgrenzung zwischen „Kompetenz" und „Lernen" (im Sinne des *Prozess des Lernens*) wird daher verzichtet.

Für eine Abgrenzung gegenüber „Wissen" als einem möglichen *Produkt des Lernens* ergibt sich die Schwierigkeit, dass der Wissensbegriff variantenreich Verwendung findet. Zur Vermeidung von Missverständnissen bei der Verwendung des Terminus Wissen könnte der Begriff der Kompetenz als die Einheit von Wissen und Können gefasst werden. Hinsichtlich dieser Abgrenzung wäre kritisch zu erörtern, inwiefern derzeit gebräuchliche Kompetenzoperationalisierungen tatsächlich vorrangig deklaratives und prozedurales Wissen aus einem jeweils umschriebenen Gegenstandsbereich erfassen.

Für eine Abgrenzung zum Intelligenzbegriff ist entscheidend, dass Intelligenz als Oberbegriff im Gegensatz zu Kompetenz weniger auf Domänen fokussiert ist. Allerdings werden in gängigen Intelligenzstrukturmodellen durchaus domänenspezifische Konstrukte wie etwa „Visualisierung" postuliert. Ob und inwiefern Intelligenzkonstrukte relativ zu Kompetenzkonstrukten als zeitstabilere und weniger erwerbbare Dispositionen gelten können, ist eine empirische Frage. Die Erforschung von Mechanismen der Veränderbarkeit der untersuchten Denkleistungen könnte ein wichtiger Schlüssel für ein vertieftes Verständnis des Untersuchungsgegenstandes sein. Bezieht man in die Abgrenzungsüberlegungen kristalline Intelligenz ein, so sind weitgehende Überschneidungen zwischen Intelligenz und Kompetenz die Folge. Bei einer Beschränkung auf fluide Intelligenz ist eine Abgrenzung gegenüber dem Kompetenzbegriff dagegen relativ unproblematisch: Bei Intelligenzmessungen handelt es sich im Wesentlichen um weitgehend dekontextualisierte Denkleistungen (vgl. Ackerman und Beier 2003; Wilhelm 2005). Zu berücksichtigen ist, dass gängige Intelligenz*tests* vermutlich kaum geeignet sind, das in *spezifischen* Domänen erworbene Wissen und damit assoziierte Befähigungen im Handeln adäquat zu erfassen. Genau darauf sind hingegen die Bemühungen bei der Entwicklung von Kompetenztests ausgerichtet. Die Verortung mutmaßlich spezifischer Kompetenzen in einem Netzwerk weiterer Denkleistungen – darunter auch ähnlich konzeptualisierte Kompetenzen – ist ein unverzichtbarer und inhaltlich kritischer Bestandteil zukünftiger Forschung bei der Etablierung möglicherweise neuer Kompetenzen (vgl. Wilhelm 2009).

Die derzeit noch zu beklagenden Schwierigkeiten bei der Etablierung spezifischer Kompetenzen als Denkleistungskonstrukte haben mehrere Quellen. Einerseits ist für die

Etablierung eines Denkleistungskonstruktes mehr erforderlich als hinreichend inspirierte Bemühungen im Rahmen der Testkonstruktion. Überzeugende empirische Belege, etwa über die differenzielle Veränderbarkeit durch maßgeschneiderte Instruktionen oder die inkrementelle Validität bei der Vorhersage relevanter Bildungsereignisse, müssen hinzukommen, um einer postulierten Kompetenz wissenschaftliche Glaubwürdigkeit zu verleihen. Andererseits darf bei den Abgrenzungsbemühungen gegenüber Feldern wie der Intelligenzdiagnostik nicht übersehen werden, dass dort bei der Auswahl von Testaufgaben gerade nicht inhaltliche, sondern ganz vorrangig empirische Belege verwendet werden. Daher ist es nicht überraschend, dass etwa Untertests zu quantitativen Fähigkeiten oft Itemmaterial enthält, das ohne weitere Überarbeitungen auch in mathematischen Kompetenztests eingesetzt werden könnte.

**Danksagung:** Diese Veröffentlichung wurde ermöglicht durch Sachbeihilfen der Deutschen Forschungsgemeinschaft (Kennz.: WI 2667/7-1 und Ni 606/3-2 (kooptiertes Projekt)) im Schwerpunktprogramm „Kompetenzmodelle zur Erfassung individueller Lernergebnisse und zur Bilanzierung von Bildungsprozessen" (SPP 1293).

## Literatur

Ackerman, P. L., & Beier, M. E. (2003). Trait complexes, cognitive investment, and domain knowledge. In R. J. Sternberg & E. L. Grigorenko (Hrsg.), *Perspectives on the psychology of abilities, competencies, and expertise* (S. 1–30). New York: Cambridge University Press.
Bond, L. (1989). The effects of special preparation on measures of scholastic ability. In R. L. Linn (Hrsg.), *Educational measurement* (3. Aufl., S. 429–444). New York: American Council on Education/Macmillan.
Cattell, R. B. (1946). *Description and measurement of personality*. New York: World Book.
Cronbach, L. J. (1949). *Essentials of psychological testing*. New York: Harper.
Fleischer, J., Koeppen, K., Kenk, M., Klieme, D., & Leutner, D. (2013). Kompetenzmodellierung: Struktur, Konzepte und Forschungszugänge des DFG-Schwerpunktprogramms. In D. Leutner, E. Klieme, J. Fleischer & H. Kuper (Hrsg.), *Kompetenzmodelle zur Erfassung individueller Lernergebnisse und zur Bilanzierung von Bildungsprozessen: aktuelle Diskurse im DFG-Schwerpunktprogramm* (18. Sonderheft der Zeitschrift für Erziehungswissenschaft, DOI: 10.1007/s11618-013-0379-z). Wiesbaden: VS Verlag für Sozialwissenschaften.
Guthke, J., & Beckmann, J. F. (2001). Intelligenz als „Lernfähigkeit" – Lerntests als Alternative zum herkömmlichen Intelligenztest. In E. Stern & J. Guthke (Hrsg.), *Perspektiven der Intelligenzforschung. Ein Lehrbuch für Fortgeschrittene* (S. 137–161). Lengerich: Pabst.
Riemann, R. (1997). *Persönlichkeit: Fähigkeiten oder Eigenschaften?* Lengerich: Pabst Science.
Sackett, P. R., Zedeck, S., & Fogli, L. (1988). Relations between measures of typical and maximum job performance. *Journal of Applied Psychology, 73*, 482–486.
Snow, R. E., & Lohman, D. F. (1984). Toward a theory of cognitive aptitude for learning from instruction. *Journal of Educational Psychology, 76*, 347–376.
Weinert, F. E. (2001). Concept of competence: A conceptual clarification. In D. S. Rychen & L. H. Salganik (Hrsg.), *Defining and selecting key competencies* (S. 45–65). Seattle: Hogrefe.
Wilhelm, O. (2005). Measuring reasoning ability. In O. Wilhelm & R. W. Engle (Hrsg.), *Understanding and measuring intelligence* (S. 373–392). London: Sage.
Wilhelm, O. (2009). Issues in computerized ability measurement: Getting out of the jingle and jangle jungle. In F. Scheuermann & A. G. Pereira (Hrsg.), *The transition to computer-based assessment* (S. 145–150). Luxembourg: Office for Official Publications of the European Communities.

# Inwiefern sind Kompetenzmodelle dazu geeignet kognitive Prozesse von Lernenden zu beschreiben?

Timo Leuders · Beate Sodian

**Zusammenfassung:** Die zunehmende Verwendung von Kompetenzmodellierungen in den Domänen schulischen Wissens wirft die Frage auf, inwieweit Kompetenzmodelle geeignet sind, auch kognitive Prozesse abzubilden. Der Beitrag analysiert in dieser Hinsicht aktuelle Entwicklungen im Bereich der Kompetenzskalen, Kompetenzstufenmodelle, Kompetenzstrukturmodelle und kognitiven Diagnosemodelle und bewertet ihren Einsatz zur Erfassung von Lernprozessen in der fachdidaktischen und entwicklungspsychologischen Forschung.

**Schlüsselwörter:** Kompetenzmodelle · Kognitive Prozesse · Kompetenzentwicklung

## To what extent can competence models describe cognitive processes?

**Abstract:** The increasing use of competence models for modelling domain specific knowledge in school raises the question to what extent such models can represent cognitive processes. The article analyses the recent development of models for competence scales, competence stages, competence structures and so-called cognitive diagnostic models and taxes their value in the context of subject specific educational sciences and developmental psychology.

**Keywords:** Cognitive processes · Competence development · Competence models

---

© Springer Fachmedien Wiesbaden 2013

Prof. Dr. T. Leuders (✉)
Institut für Mathematische Bildung, Pädagogische Hochschule Freiburg,
Kunzenweg 21, 79117 Freiburg, Deutschland
E-Mail: leuders@ph-freiburg.de

Prof. Dr. B. Sodian (✉)
Entwicklungspsychologie und Pädagogische Psychologie, Ludwig-Maximilians-Universität
München, Leopoldstr. 13, 80802 München, Deutschland
E-Mail: Sodian@psy.lmu.de

Einhergehend mit der fortschreitenden empirischen Fundierung der Fachdidaktiken sowie mit den Bemühungen um eine empiriebasierte Schulentwicklung, mehren sich auch die Versuche der psychometrischen Modellierung von Kompetenzen in den verschiedenen Domänen schulischen Wissens (vgl. Leuders 2011). Dabei stellt sich die Frage, inwieweit solche Kompetenzmodelle – bei zunehmender Verfeinerung – in der Lage sind, kognitive Prozesse der Lernenden zu beschreiben. Im Folgenden möchten wir an verschiedenen Beispielen die Frage beleuchten, inwieweit bestehende Versuche der Kompetenzmodellierung kognitive Prozesse abzubilden imstande sind.

## 1 Kompetenzskalen und post-hoc-Kompetenzstufen

Das wohl gängigste und einflussreichste Verfahren für die Modellierung von Kompetenzen ist die in Large-Scale-Assessments wie PISA und TIMSS verwendete Erfassung von domänenspezifischen Kompetenzen über eindimensionale, kontinuierliche Leistungsskalen (vgl. Baumert et al. 2000; PISA-Konsortium Deutschland 2007) in Form von Rasch-Modellen. Die hierbei postulierten, operationalisierten und empirisch überprüften Konstrukte modellieren beispielsweise „mathematische Grundbildung" (*mathematical literacy*) oder „Lesekompetenz" (*reading literacy*). Die genannten Studien beziehen sich schon in ihrer Anlage nicht primär auf kognitive Prozesse. Ihre Aufgabe ist die Bereitstellung eines eindimensionalen Index, der einen (am normativen Rahmen) gemessenen Vergleich der Schülerleistungen zwischen Bildungssystemen erlaubt.

Um die so gemessenen Leistungsunterschiede interpretierbar zu machen, kann man auf die besondere Eigenschaft der Rasch-Skala zurückgreifen: Da die latente Leistungsvariable der Proband(inn)en und die Schwierigkeitsvariable der Items auf einer gemeinsamen Skala liegen, kann man – wie es üblicherweise praktiziert wird – versuchen, die Fähigkeiten der Proband(inn)en durch die Anforderungen der von ihnen potenziell einigermaßen zuverlässig bewältigbaren Aufgaben zu beschreiben. Auf diese Weise entstand das Verfahren des „scale anchoring" (Beaton und Allen 1992), welches zum Standardverfahren für die inhaltliche Interpretation von Rasch-Skalen geworden ist: Die empirisch geprüfte Skala wird post-hoc auf der Basis einer inhaltlichen Analyse der Anforderungen in Stufen unterteilt und den Proband(inn)en, deren Fähigkeitsvariable in einem entsprechenden Intervall liegt, wird die den dort lokalisierten Aufgaben entsprechende Kompetenz zugeschrieben. Die Validität dieses Verfahrens stand aber von Beginn an in der kritischen Diskussion. Die Kritik lässt sich folgendermaßen zusammenfassen: 1) Es besteht Unklarheit über die Stabilität und daher die Validität der durch Schwellenwerte spezifizierten Stufen in Abhängigkeit von der Variabilität der gewählten Items oder der befragten Expert(inn)en. 2) Die Interpretation von Aufgabenmerkmalen wird qua Identifikation auf der Rasch-Skala auf Personenmerkmale übertragen. Bei diesem Verfahren hängt der Rückschluss auf kognitive Prozesse stark von post-hoc Interpretationen ab; es liegt kein vorab formuliertes Modell zugrunde, das einer empirischen Überprüfung unterzogen werden könnte. 3) Auch gegenüber der Anwendung einer solchen „interpretierten Skala" als Feedbackinstrument für die zentrale Leistungsmessung (wie z. B. bei Reiss und Winkelmann 2008) besteht Skepsis: Die Nützlichkeit einer vereinfachenden Einordnung von Schülerinnen und Schülern in eine Kompetenzstufe scheint zurzeit weder für die Selbsteinschätzung der Lernenden noch für die Unterrichtsentwicklung durch die Lehrpersonen eine tragende Funktion zu entwickeln (vgl. Schulz 2010). Schließlich gibt es kein allgemein anerkanntes Rationale, nach dem entschieden werden kann, ob empirische Abweichungen von einer solchen Skala entweder zu einer Entfernung der entsprechenden Items oder zur Postulierung nicht erfasster kognitiver Prozesse und somit zu einer Erweiterung des Modells führen sollten.

Ein Vorschlag zur empiriebasierten Generierung von Kompetenzstufen wurde von Hartig (vgl. 2007) im Rahmen der DESI-Studie entwickelt. Anzahl und Breite der Kompetenzniveaus werden in diesem Ansatz nicht willkürlich festgelegt, sondern nach empirischen Kriterien bestimmt. Für die Definition von Niveaus sind drei separate Analyseschritte notwendig: Zunächst werden die empirischen Aufgabenschwierigkeiten anhand einer Rasch-Analyse ermittelt. Dann werden den Aufgaben schwierigkeitsbestimmende Merkmale zugeordnet und die empirischen Aufgabenschwierigkeiten werden dann mittels einer Regressionsanalyse auf diese Merkmale (bzw. eine Auswahl solcher Merkmale, die insgesamt eine hinreichende Varianz der Schwierigkeit erklären können) zurückgeführt. Die Grenzen zwischen den Kompetenzstufen schließlich findet man bei den Schwierigkeitswerten, die sich rechnerisch aus den Regressionskoeffizienten bei Vorliegen verschiedener Kombinationen der Merkmale ergeben. Dieses Vorgehen stellt das Auffinden von Kompetenzstufen auf eine rationale Basis; bislang fehlen aber systematische Analysen dazu, wie plausibel, stabil und valide die so gewonnenen Stufen sind. Immerhin lässt sich durch Auswahl geeigneter kognitionsnaher Merkmale von Aufgaben – sofern sich solche finden lassen – eine höhere kognitive Plausibilität der Stufen erreichen.

## 2 Kompetenzstruktur- und Kompetenzentwicklungsmodelle

Kognitionspsychologische Forschung zur begrifflichen Entwicklung und zum begrifflichen Wandel (*conceptual change*) hat für verschiedene Domänen theoretische und empirische Grundlagen für Kompetenzstruktur- bzw. entwicklungsmodelle geliefert (vgl. z. B. Vosniadou und Verschaffel 2004). So sind zum Beispiel Entwicklungsverläufe der begrifflichen Differenzierung von Gewicht und Dichte oder der Restrukturierung kosmologischer Begriffe im Grundschulalter gut erforscht. Auf dieser Basis können Kompetenzstrukturmodelle entwickelt werden, die unter anderem Annahmen über das gemeinsame Auftreten von verschiedenen Fehlvorstellungen enthalten, sowie Kompetenzentwicklungsmodelle, die Annahmen über distinkte Schritte oder Stufen auf dem Weg zu einem wissenschaftlich adäquaten Verständnis einer Domäne enthalten. Bisher stehen Bemühungen, theoriegeleitet psychometrische Modelle der Kompetenzentwicklung zu erstellen und zu überprüfen, allerdings noch ganz am Anfang.

Ein Beispiel für diesen Ansatz sind die Arbeiten von Wilson und Sloane (2000; siehe auch Wilson 2005). Sie untersuchen Schülerfähigkeiten zunächst inhaltlich und an konkreten Aufgaben bzw. auf Basis bestehender Theorien zum Begriffsaufbau. Die qualitative Analyse von kognitiven Prozessen ermöglicht eine Ausdifferenzierung der theoretischen Modelle und liefert Indikatoren für die Operationalisierung eines validen Ratingverfahrens der Schülerantworten. Nach Wilson (2005) können geeignet konstruierte reflexive, offenere Aufgaben eingesetzt werden, um Lernverläufe zu erfassen (z. B. „Warum sinken oder schwimmen Dinge? Erkläre so ausführlich wie möglich!"; vgl. Kennedy und Draney 2007). Diese Aufgaben können organisch in den Unterrichtsprozess eingebettet und im formativen Sinne für die Planung des Unterrichts gezielt genutzt werden (*embedded assessment*). Zugleich führt die lernbegleitende, durch die Lehrkräfte vorgenommene Analyse von Schülerantworten auf diese offeneren Aufgaben zu der Zuweisung einer Einzelleistung zu einer inhaltlich definierten Fähigkeitsstufe (im genannten Beispiel auf die Erklärung des Auftriebs auf verschiedenen abgrenzbaren Verstehensniveaus:

1. Nicht anschlussfähige Misskonzepte,
2. Bezug auf *eine* bedeutsame Variable: Masse *oder* Volumen,
3. Bedeutung beider Variablen,
4. Bedeutung des Quotienten = Dichte,
5. Verständnis der relativen Dichte.

Auf der Basis solcher Ratingdaten kann nun eine polytome Skala zur empirischen Absicherung der Lernfortschritte entwickelt werden. Das hier skizzierte Verfahren zeichnet sich dadurch aus, dass die Leistungsskala *a priori* auf der kognitiven Interpretation einer Schülerleistung basiert (nämlich der theoriegeleiteten Entwicklung sogenannter *construct maps*) und nicht erst *a posteriori* eine solche Interpretation zu einer theoretisch wenig durchgeformten Itemgruppe zuordnet.

Ein Versuch zur theoriegeleiteten Erstellung eines Struktur- und Entwicklungsmodells für naturwissenschaftliche Kompetenz in der Grundschule wird in einem Teilprojekt des DFG-Schwerpunktprogramms unternommen (Hardy et al. 2010; Kleickmann et al. 2011; Koerber et al. 2011). Die Einbeziehung zweier Kompetenzdimensionen (naturwissenschaftliches Wissen und Wissen über Naturwissenschaften) und mehrerer Inhaltsbereiche sowie die Anforderungen an eine psychometrische Modellierung erzwingen allerdings eine Generalisierung über domänenspezifische Entwicklungsverläufe hinweg, sodass heuristisch ein allgemeines Modell des Übergangs von einem naiven Verständnis über eine Ebene der „Zwischenvorstellungen" hin zu einem wissenschaftlich integrierten Verständnis erstellt wurde. Die Realisierung verschiedener Aufgabenformate sowie die Einbeziehung von Kontrollvariablen (z. B. Leseverständnis) erlauben es zu kontrollieren, dass die Schwierigkeitsunterschiede zwischen den Items tatsächlich auf die angenommenen Kompetenzstufen zurückzuführen sind.

## 3 Mehrdimensionale Kompetenzstrukturmodelle

Erkennt man an, dass die beim Versuch der Konstruktion eindimensionaler Skalen auftretenden Diskrepanzen ein Indiz für differenziertere Kompetenzstrukturen sind, so legt dies den Versuch nahe, solche Strukturen auch theoretisch zu modellieren und empirisch zu überprüfen. Einen solchen Ansatz verfolgt ein weiteres Projekt aus dem Schwerpunktprogramm (Bayrhuber et al. 2010; Wirtz et al. 2012). Hier wird innerhalb eines engen Fokus auf den Bereich des elementaren Problemlösens mit Funktionen untersucht, inwiefern unterschiedliche externe Repräsentationen von Funktionen (Graph, Tabelle, Situation) und die Übersetzungsprozesse zwischen ihnen in einem Kompetenzstrukturmodell abbildbar sind. In der Tat stellt sich heraus, dass ein vierdimensionales Raschmodell, das die verschiedenen Übersetzungen zwischen Situation, Tabelle und Graph modelliert, die empirischen Daten einer Querschnittserhebung in siebten und achten Klassen im Vergleich mit „gröberen" Modellen niedriger Dimensionen am besten wiedergibt. Die hier gewählten Kompetenzdimensionen repräsentieren kognitive Prozesse (z. B. Übersetzen zwischen Eigenschaften funktionaler Graphen und der durch sie repräsentierten Situationen) und liegen offenbar bei Probandengruppen in unterschiedlicher Ausprägung vor. Dennoch ist festzustellen, dass trotz des relativ engen Fokus immer noch ganze Bündel kognitiver Prozesse untrennbar voneinander erfasst werden. So kann zum Beispiel anhand der Operationalisierung nicht festgestellt werden, ob eine Übersetzung zwischen zwei Repräsentationen in die eine oder die andere Richtung verläuft.

Eine dimensionale Analyse eines fokussierteren Kompetenzbereiches versuchen Hammann et al. (vgl. 2007) mit der „experimentellen Kompetenz" im Bereich Biologie. Hier zeigt sich jedoch, dass die empirisch tragfähigen Dimensionen eher die unterschiedlichen Aufgabentypen widerspiegeln (Multiple Choice, Experiment, Offene Frage) als die inhaltlichen Fähigkeitskomponenten (Suche im Hypothesenraum, Testen von Hypothesen, Analyse von Evidenzen). Die genauere Betrachtung der hier beschriebenen Kompetenzdimensionen lässt zudem Zweifel aufkommen, ob diese Dimensionen als voneinander trennbare kognitive Prozesse aufzufassen sind.

## 4 Kognitive Diagnosemodelle

Kognitive Diagnosemodelle postulieren a priori den Zusammenhang von gewissen kognitiv interpretierbaren Teilprozessen bei der Bearbeitung einer Aufgabe, insbesondere können sie kompensatorische und nicht-kompensatorische Aspekte des logischen Zusammenhangs der untersuchten Fähigkeit abbilden (vgl. Hartig 2008; Rupp und Mislevy 2007).

Nicht-kompensatorische Modelle gehen davon aus, dass bestimmte Teilprozesse zur Lösung einer Aufgabe notwendig sind und nicht durch Stärken in einem anderen Teilprozess kompensiert werden können. Die Erfahrungen mit solchen Modellen sind allerdings noch begrenzt. Die Ergebnisse hängen stark von der Validität des postulierten Modells ab, wie am folgenden Beispiel nach Kunina-Habenicht et al. (vgl. 2009) diskutiert werden soll. Hier wurden zur Erfassung der arithmetischen Kompetenzen von Grundschülerinnen und -schülern Items zu den Grundrechenarten über eine sogenannte *Q-Matrix* von vier latenten Variablen (Addition, Subtraktion, Multiplikation und Divisionskompetenz) in Beziehung gesetzt. Die Ergebnisse zeigen, dass ein solches Modell empirisch nicht trägt und bestenfalls zwischen „Punktrechnen"- und „Strichrechnen"-Kompetenz unterschieden werden kann. Dabei bleibt es unklar, ob diese aufgedeckte Stufung nicht allein durch die curriculare Chronologie induziert ist. Die von der fachdidaktischen Forschung der letzten Jahrzehnte zutage geförderten Analysen von Rechenstrategien von Schülerinnen und Schülern (vgl. z. B. Verschaffel et al. 2007) legen nahe, dass eine rein fachlich-systematische Trennung der Grundrechenarten nicht kognitiv valide ist, sondern dass es eher einer Ausdifferenzierung typischer Rechenstrategien (z. B. Subtrahieren durch Ergänzen, Rechnen bis zum nächsten Zehner usw.) bedarf.

Trotz dieser kritischen Anmerkungen sehen wir künftig in der Zusammenarbeit von psychometrischer Methodenentwicklung und fachdidaktischer Erforschung kognitiver Prozesse eine Chance für die Entwicklung empirisch tragfähiger Kompetenzstrukturmodelle. Insbesondere scheint es angeraten, die Entwicklung von Kompetenzmodellen stärker mit empirischen Analysen auf Individual- und Klassenebene zu vernetzen, also etwa mit der Klassifikation typischer Fehlvorstellungen in einem Gegenstandsbereich oder mit der Erfassung unterschiedlicher curricularer Rahmenbedingungen der getesteten Schülergruppen.

## 5 Fazit

Aus der Bewertung bisheriger Ansätze gewinnen wir die folgenden Kriterien für künftige Versuche der Modellierung kognitiver Prozesse durch psychometrische Kompetenzmodelle: Die Konstruktion des Kompetenzmodelles sollte sich von Anfang an auf empirisch gestützte Theorien zu kognitiven Prozessen beziehen. Die Validität des Modells und seiner Operationalisierungen sollte zudem durch Einbindung in geeignete kognitionspsychologische und fachdidaktische Analysen gesichert werden (z. B. durch qualitative Analysen aus Fallstudien).

Diese Kriterien beschreiben Minimalanforderungen an Kompetenzmodelle als Voraussetzung für eine kognitive Interpretation. Aber selbst bei empirisch bestätigten Kompetenzmodellen ist Vorsicht geboten vor allzu einfachen Rückschlüssen von Kovariationsstrukturen interindividueller Unterschiede auf die Dynamiken mentaler Prozesse (vgl. Renkl 2012). Kompetenzmodellierungen können kognitionswissenschaftliche Studien ergänzen, aber nicht ersetzen.

**Danksagung:** Diese Veröffentlichung wurde ermöglicht durch Sachbeihilfen der Deutschen Forschungsgemeinschaft (Kennz.: LE 2335/1-2 und SO 213/29-2) im Schwerpunktprogramm „Kompetenzmodelle zur Erfassung individueller Lernergebnisse und zur Bilanzierung von Bildungsprozessen" (SPP 1293).

## Literatur

Baumert, J., Bos, W., & Lehmann, R. (2000). *TIMSS/III: Dritte Internationale Mathematik- und Naturwissenschaftsstudie – Mathematische und naturwissenschaftliche Bildung am Ende der Schullaufbahn*. Opladen: Leske + Budrich.

Bayrhuber, M., Leuders, T., Bruder, R., & Wirtz, M. (2010). Repräsentationswechsel beim Umgang mit Funktionen – Identifikation von Kompetenzprofilen auf der Basis eines Kompetenzstrukturmodells. In E. Klieme, D. Leutner & M. Kenk (Hrsg.), *Kompetenzmodellierung Eine aktuelle Zwischenbilanz des DFG-Schwerpunktprogramms* (56. Beiheft der Zeitschrift für Pädagogik, S. 28–39). Weinheim: Beltz.

Beaton, E., & Allen, N. (1992). Interpreting scales through scale anchoring. *Journal of Educational Statistics, 17*, 191–204.

Hammann, M., Phan, T. H., & Bayrhuber, H. (2007). Experimentieren als Problemlösen: Lässt sich das SDDS-Modell nutzen, um unterschiedliche Kompetenzen beim Experimentieren zu messen. In I. Gogolin, M. Prenzel & H.-H. Krüger (Hrsg.), *Kompetenzdiagnostik* (8. Sonderheft der Zeitschrift für Erziehungswissenschaft, S. 33–49). Wiesbaden: VS Verlag für Sozialwissenschaften.

Hardy, I., Kleickmann, T., Koerber, S., Mayer, D., Möller, K., Pollmeier, J., Schwippert, K., & Sodian, B. (2010). Die Modellierung naturwissenschaftlicher Kompetenz im Grundschulalter. In E. Klieme, D. Leutner & M. Kenk (Hrsg.), *Kompetenzmodellierung Eine aktuelle Zwischenbilanz des DFG-Schwerpunktprogramms* (56. Beiheft der Zeitschrift für Pädagogik, S. 115–125). Weinheim: Beltz.

Hartig, J. (2007). Skalierung und Definition von Kompetenzniveaus. In B. Beck & E. Klieme (Hrsg.), *Sprachliche Kompetenzen: Konzepte und Messung – DESI-Studie* (S. 72–82). Weinheim: Beltz.

Hartig, J. (2008). Psychometric models for the assessment of competencies. In J. Hartig, E. Klieme, & D. Leutner (Hrsg.), *Assessment of competencies in educational contexts* (S. 69–90). Göttingen: Hogrefe.

Kennedy, C. A., & Draney, K. (2007). Interpreting and using multidimensional performance data to improve learning in science. In X. Liu & W. Boone (Hrsg.), *Applications of Rasch measurement to science education* (S. 247–284). Maple Grove: JAM Press.

Kleickmann, T., Hardy, I., Pollmeier, J., & Möller, K. (2011). Zur Struktur naturwissenschaftlichen Wissens von Grundschulkindern. Eine personen- und variablenzentrierte Analyse. *Zeitschrift für Entwicklungspsychologie und Pädagogische Psychologie, 43*, 200–212.

Koerber, S., Sodian, B., Kropf, N., Mayer, D., & Schwippert, K. (2011). Die Entwicklung des wissenschaftlichen Denkens im Grundschulalter: Theorieverständnis, Experimentierstrategien, Dateninterpretation. *Zeitschrift für Entwicklungspsychologie und Pädagogische Psychologie, 43*, 16–21.

Kunina-Habenicht, O., Rupp, A. A., & Wilhelm, O. (2009). A practical illustration of multidimensional diagnostic skills profiling: Comparing results from confirmatory factor analysis and diagnostic classification models. *Studies in Educational Evaluation, 35*, 64–70.

Leuders, T. (2011). Kompetenzorientierung – eine Chance für die Weiterentwicklung des Mathematikunterrichts? In K. Eilerts, A. Hilligus, G. Kaiser & P. Bender (Hrsg.), *Kompetenzorientierung in Schule und Lehrerbildung. Perspektiven der bildungspolitischen Diskussion, der Bildungsforschung und der Mathematik-Didaktik* (S. 287–306). Münster: LIT.

PISA-Konsortium Deutschland. (Hrsg.). (2007). *PISA 2006. Die Ergebnisse der dritten internationalen Vergleichsstudie*. Münster: Waxmann.

Reiss, K., & Winkelmann, H. (2008). Step by step: Ein Kompetenzstufenmodell für das Fach Mathematik. *Grundschule, 40*(10), 18–21.

Renkl, A. (2012). Modellierung von Kompetenzen oder von interindividuellen Kompetenzunterschieden: Ein unterschätzter Unterschied? *Psychologische Rundschau, 63*, 50–53.

Rupp, A. A., & Mislevy, R. J. (2007). Cognitive foundations of structured item response theory models. In J. Leighton & M. Gierl (Hrsg.), *Cognitive diagnostic assessment in education: Theory and applications* (S. 205–241). Cambridge: Cambridge University Press.

Schulz, A. (2010). *Ergebnisorientierung als Chance für den Mathematikunterricht? Innovationsprozesse qualitativ und quantitativ erfassen*. München: Herbert Utz.

Verschaffel, L., Greer, B., & De Corte, E. (2007). Whole number concepts and operations. In F. Lester (Hrsg.), *Second handbook of research on mathematics teaching and learning* (2. Aufl., S. 557–628). Charlotte: Information Age Publishing.

Vosniadou, S., & Verschaffel, L. (2004). Extending the conceptual change approach to mathematics learning and teaching. *Learning and Instruction, 14*, 445–451.

Wilson, M. (2005). *Constructing measures: An item response modeling approach*. Mahwah: Erlbaum.

Wilson, M., & Sloane, K. (2000). From principles to practice: An embedded assessment system. *Applied Measurement in Education, 13*, 181–208.

Wirtz, M., Naccarella, D., Henning, J., Kröhne, U., Bruder, R., & Leuders, T. (2012). *Komparative Analyse von Kompetenzstrukturmodellen im Bereich funktionaler Zusammenhänge*. Vortrag gehalten auf dem 48. Kongress der Deutschen Gesellschaft für Psychologie (DGPs), Bielefeld.

# Mit welchem Auflösungsgrad können Kompetenzen modelliert werden? In welcher Beziehung stehen Modelle zueinander, die Kompetenz in einer Domäne mit unterschiedlichem Auflösungsgrad beschreiben?

Knut Neumann

**Zusammenfassung:** Kompetenzmodelle sollen Kompetenzen in Teilkompetenzen gliedern und Ausprägungen, bezogen auf diese Teilkompetenzen, beschreiben. Für die Modellierung (und in der Folge die Messung) von Kompetenz ergibt sich damit die Frage, in wie viele Teilkompetenzen eine Kompetenz sinnvoll gegliedert werden kann und wie detailliert Ausprägungen gemessen werden sollen. Die Zahl der Teilkompetenzen (d. h. die Feingliedrigkeit) und die Detailliertheit der Ausprägungen (d. h. die Feinkörnigkeit) eines Kompetenzmodells definieren den Auflösungsgrad des Modells. Die bisherige Forschung im Bereich der Kompetenzmodellierung zeigt, dass für die Kompetenz in einer Domäne Modelle mit unterschiedlichem Auflösungsgrad zu finden sind. Hier stellt sich die Frage, in welcher Beziehung diese Kompetenzmodelle zueinander stehen. Der vorliegende Beitrag fasst die Ergebnisse der Diskussion innerhalb des Schwerpunktprogramms „Kompetenzmodelle zur Erfassung individueller Lernergebnisse und zur Bilanzierung von Bildungsprozessen" bezüglich dieser Fragestellungen zusammen.

**Schlüsselwörter:** Kompetenzen · Kompetenzmodelle · Teilkompetenzen · Auflösungsgrad

## Up to which level of detail can a competence be described? Which relation do competence models describing a competence at different levels of detail have to each other?

**Abstract:** Competence models are supposed to structure a competence into different sub-competencies and to describe different levels of competence with respect to these sub-competencies. In developing a competence model (and measuring the respective competence) the following questions need to be answered: How many sub-competencies can be meaningfully differentiated and at which grain size should different levels of competence be measured. The number of sub-competencies and the grain size of the competence levels define the level of detail of a competence model. Previous research in the field of competence modeling suggests that the same

---

© Springer Fachmedien Wiesbaden 2013

Prof. Dr. K. Neumann (✉)
IPN – Leibniz-Institut für die Pädagogik der Naturwissenschaften und Mathematik,
Universität Kiel, Olshausenstr. 62, 24118 Kiel, Deutschland
E-Mail: neumann@ipn.uni-kiel.de

competence can be modeled at different levels of detail. This raises the question which relation such competence models have to each other. The following article presents the results of a discussion of these questions in scope of the priority program "Competence Models for Assessing Individual Learning Outcomes and Evaluating Educational Processes".

**Keywords:** Competence · Competence models · Grain size · Sub-competencies

## 1 Mit welcher Feingliedrigkeit lassen sich Kompetenzen modellieren?

Die Feingliedrigkeit eines Kompetenzmodells bezieht sich auf die Zahl der Teilkompetenzen, die im Modell unterschieden werden. Je höher die Zahl der Teilkompetenzen, desto feingliedriger das Kompetenzmodell. Eine theoretische Begrenzung der Feingliedrigkleit ergibt sich aus der zugrunde liegenden Definition von Kompetenz. So lässt sich nach Weinert (2001) Kompetenz als die Summe der Fähigkeiten und Fertigkeiten sowie der motivationalen, volitionalen und sozialen Bereitschaften eines Individuums verstehen, wie sie zur Lösung von Problemen in variablen Situationen benötigt werden. In diesem Sinne kann eine Kompetenz in Teilkompetenzen im Sinne derjenigen Fähigkeiten und Fertigkeiten sowie Bereitschaften gegliedert werden, wie sie zur Lösung von Problemen in bestimmten Teilbereichen einer Domäne benötigt werden. Die theoretische Grenze der Feingliedrigkeit ist dann erreicht, wenn zur Lösung eines Problems nur noch einzelne Fähigkeiten oder Fertigkeiten oder Bereitschaften benötigt werden. Eine einzelne Fähigkeit oder Fertigkeit stellt im Sinne der Definition von Kompetenz nach Weinert (2001) also keine Teilkompetenz mehr dar. Im Kontext der im Rahmen des DFG-Schwerpunktprogramms (SPP) „Kompetenzmodelle zur Erfassung individueller Lernergebnisse und zur Bilanzierung von Bildungsprozessen" verwendeten Definition von Kompetenz (vgl. Klieme und Leutner 2006) ist die Begrenzung durch die Forderung nach Erlernbarkeit gegeben. Die Gliederung einer Kompetenz in Konstrukte, die nicht mehr durch gezielte Instruktion zu lernen sind,[1] ist im Kontext dieses Kompetenzbegriffs ausgeschlossen. Praktisch wird die Gliederung von Kompetenzen in Teilkompetenzen durch die Messbarkeit begrenzt. Die Gliederung einer Kompetenz in Teilkompetenzen, die sich empirisch nicht eindeutig unterscheiden lassen, ist nur bedingt sinnvoll, zum Beispiel wenn die theoretisch begründete Annahme besteht, dass sich die jeweiligen Teilkompetenzen parallel entwickeln. Inwieweit sich Kompetenzen in Teilkompetenzen gliedern lassen, hängt dabei möglicherweise auch vom Stand der Kompetenzentwicklung in der untersuchten Stichprobe ab. So kann sich Kompetenzentwicklung sowohl als Veränderung der Kompetenzstruktur im Sinne einer Differenzierung in Teilkompetenzen als auch im Sinne einer Integration verschiedener Teilkompetenzen manifestieren (vgl. z. B. Gschwendtner 2011; Nickolaus et al. 2011).

## 2 Mit welcher Feinkörnigkeit lassen sich Kompetenzen messen?

Eine Kompetenz messen heißt zu erfassen, in welcher Ausprägung eine Kompetenz bei einem Individuum vorliegt. Die Messung einer Kompetenz setzt eine Skala voraus. Mithilfe dieser Skala lassen sich unterschiedliche Ausprägungen der Kompetenz erfassen. Die Feinkörnigkeit (*grain size*) einer Skala gibt dabei an, wie fein diese differenziert; je niedriger die Feinkörnigkeit, desto gröber die Skala. Umgekehrt gilt: Je höher die Feinkörnigkeit, desto feiner die Skala. Dabei beeinflusst die Feinkörnigkeit die Messmethodik und umgekehrt: Eine hohe Feinkörnigkeit erfordert Messinstrumente, die tatsächlich in der Lage sind, auf der Ebene dieser Feinkörnigkeit noch unterschiedliche Ausprägungen zu unterscheiden. Umgekehrt wird die Feinkörnigkeit dadurch begrenzt, inwieweit mit einem gegebenen Messinstrument noch unterschiedliche Ausprägungen messbar beziehungsweise empirisch trennbar sind. Grundsätzlich ist die Feinkörnigkeit mit der sich eine Kompetenz noch messen lässt nach der im SPP gewählten Definition von Kompetenz durch die Lernbarkeit definiert: Eine Erhöhung der Feinkörnigkeit einer Kompetenzmessung ist nur sinnvoll, wenn bei dieser Feinkörnigkeit auch eine Veränderung in der Ausprägung der Kompetenz als Folge von Instruktion erwartet werden kann.

## 3 In welcher Beziehung stehen Modelle zueinander, die eine Kompetenzdomäne mit unterschiedlichem Auflösungsgrad erfassen?

Im Auflösungsgrad eines Kompetenzmodells sind die Aspekte der Feingliedrigkeit und der Feinkörnigkeit der jeweiligen Kompetenz zusammengeführt. Der Auflösungsgrad eines Kompetenzmodells steigt einerseits mit der Feingliedrigkeit und andererseits mit der Feinkörnigkeit. Das heißt je mehr Teilkompetenzen ein Kompetenzmodell unterscheidet bzw. je mehr Ausprägungen unterschieden werden, desto höher ist der Auflösungsgrad des Kompetenzmodells. Entsprechend kann der Auflösungsgrad eines Kompetenzmodells durch die Ausdifferenzierung in mehr Teilkompetenzen und/oder die Ausdifferenzierung weiterer Ausprägungen erhöht werden.

Die Angemessenheit des Auflösungsgrades hängt dabei vom jeweiligen Anwendungskontext ab (vgl. Kauertz et al. 2008). Im Kontext von Large-Scale-Assessments, in denen die Leistungen von Proband(inn)en hinsichtlich allgemeiner Bildungsziele eingeschätzt werden sollen, können wenige, breit gefasste Teilkompetenzen und Ausprägungen ausreichend sein. Auf der Unterrichtsebene werden differenziertere Unterscheidungen benötigt. So lassen sich aus Kompetenzmodellen mit niedrigem Auflösungsgrad nur bedingt Informationen für eine systematische und gezielte Entwicklung von Kompetenzen ableiten. Für eine Unterscheidung von Proband(inn)en(gruppen) in experimentellen Studien sind hoch auflösende Kompetenzmodelle sogar eine wichtige Voraussetzung. Denn auf kurzen Zeitskalen, wie sie in experimentellen Interventionen häufig zu finden sind, können weder Zuwächse im Bereich globaler Kompetenzen wie zum Beispiel naturwissenschaftlicher Kompetenz noch bezüglich globalerer Ausprägungen wie zum Beispiel konzeptuellen Verständnisses im Gegensatz zu Faktenwissen erwartet werden (vgl. Viering et al. 2010).

Kompetenzmodelle mit unterschiedlicher Auflösung stehen idealerweise in einer hierarchischen Beziehung zueinander. Das heißt: In einem untergeordneten Modell wird eine Kompetenz oder Teilkompetenz in weitere Teilkompetenzen ausdifferenziert oder Ausprägungen einer Kompetenz oder Teilkompetenz in weitere Ausprägungen. Umgekehrt fasst ein übergeordnetes Modell Teilkompetenzen und/oder Ausprägungen zusammen. Dabei gilt: Kompetenzmodelle unterschiedlicher Auflösung, die zueinander in Beziehung stehen, lassen sich einfacher aufeinander beziehen, wenn sie systematisch aufeinander bezogen entwickelt wurden. Das heißt: Differenzierte Modelle mit höherem Auflösungsgrad sollten aus allgemeineren Modellen mit niedrigerem Auflösungsgrad durch Unterscheidung von Teilkompetenzen oder Differenzierung von Ausprägungen in feiner abgestufte Ausprägungen gewonnen werden.

Grundsätzlich lassen sich auch Kompetenzmodelle denken, die dieselbe Kompetenz mit unterschiedlicher Auflösung beschreiben, jedoch nicht in einer hierarchischen Beziehung zueinander stehen. Das hängt vom zugrunde liegenden Kompetenzbegriff und von der jeweiligen Domäne (und den fachlichen Theorien dieser Domäne) ab. So ist bei der Modellierung von Kompetenzen auch zu berücksichtigen, dass Kompetenzen einer Domäne (z. B. Naturwissenschaft) mit Kompetenzen anderer Domänen (z. B. Lesen) interagieren.

Die Modellierung von Kompetenzen sollte (stärker als bisher) das nomologische Netzwerk, in dem sich die betreffende Kompetenz befindet, berücksichtigen. Das heißt: Kompetenzmodelle mit hoher Auflösung sollten explizit in übergeordnete Kompetenzmodelle eingeordnet werden; umgekehrt sollten Kompetenzmodelle mit einem sehr breiten Fokus hinsichtlich ihrer Binnenstruktur beschrieben werden. In beiden Fällen sollten die Beziehungen der jeweiligen Kompetenzmodelle zueinander, das heißt die nomologische Struktur der Kompetenz, empirisch geprüft werden. Entsprechende Untersuchungen stellen bisher die Minderheit der Untersuchungen im Bereich der Kompetenzmodellierung dar.

**Danksagung:** Diese Veröffentlichung wurde ermöglicht durch Sachbeihilfen der Deutschen Forschungsgemeinschaft (Kennz.: NE 1368/2-1, 2-2 und 2-3) im Schwerpunktprogramm „Kompetenzmodelle zur Erfassung individueller Lernergebnisse und zur Bilanzierung von Bildungsprozessen" (SPP 1293).

**Anmerkung**

1 Prinzipiell können elementare Hirnfunktionen auch als erlernbar aufgefasst werden, möglicherweise können sie auch durch Instruktion verändert werden – nicht jedoch gezielt.

**Literatur**

Gschwendtner, T. (2011). Die Ausbildung zum Kraftfahrzeugmechatroniker im Längsschnitt. Analysen zur Struktur von Fachkompetenz am Ende der Ausbildung und Erklärung von Fachkompetenzentwicklungen über die Ausbildungszeit. In R. Nickolaus & G. Pätzold (Hrsg.), *Lehr-Lernforschung in der gewerblich-technischen Berufsbildung* (25. Beiheft der Zeitschrift für Berufs- und Wirtschaftspädagogik, S. 55–76). Wiesbaden Franz Steiner Verlag.
Kauertz, A., Fischer, H. E., Lau, A., & Neumann, K. (2008). Kompetenzmessung durch Leistungstests. *Der mathematische und naturwissenschaftliche Unterricht, 61,* 75–79.
Klieme, E., & Leutner, D. (2006). Kompetenzmodelle zur Erfassung individueller Lernergebnisse und zur Bilanzierung von Bildungsprozessen. Beschreibung eines neu eingerichteten Schwerpunktprogramms der DFG. *Zeitschrift für Pädagogik, 52,* 876–903.
Nickolaus, R., Geißel, B., Abele, S., & Nitzschke, A. (2011). Fachkompetenzmodellierung und Fachkompetenzentwicklung bei Elektronikern für Energie- und Gebäudetechnik im Verlauf der Ausbildung – Ausgewählte Ergebnisse einer Längsschnittstudie. In R. Nickolaus & G. Pätzold (Hrsg.), *Lehr-Lernforschung in der gewerblich-technischen Berufsbildung* (25. Beiheft der Zeitschrift für Berufs- und Wirtschaftspädagogik, S. 77–94). Wiesbaden Franz Steiner Verlag.

Viering, T., Fischer, H. E., & Neumann, K. (2010). Die Entwicklung physikalischer Kompetenz in der Sekundarstufe. In E. Klieme, D. Lautner & M. Kenk (Hrsg.), *Kompetenzmodellierung Eine aktuelle Zwischenbilanz des DFG-Schwerpunktprogramms* (56. Beiheft der Zeitschrift für Pädagogik, S. 92–103). Weinheim: Beltz.

Weinert, F. E. (2001). Concept of competence: A conceptual clarification. In D. S. Rychen & L. H. Salganik (Hrsg.), *Defining and selecting key competencies* (S. 45–65). Seattle: Hogrefe.

# Wie robust sind Struktur- und Niveaumodelle? Wie zeitlich stabil und über Situationen hinweg konstant sind Kompetenzen?

Alexander Robitzsch

**Zusammenfassung:** Für viele Kompetenzdomänen ist die zeitliche und situationale Stabilität Untersuchungsgegenstand der empirischen Forschung. Es wird argumentiert, dass die Analyse der Robustheit von Kompetenzstruktur- oder Kompetenzniveaumodellen im Hinblick auf verschiedene Modellbestandteile (statistische Modellparameter oder Kompetenzstufenbeschreibungen) und verschiedene Analyseeinheiten der statistischen Inferenz (z. B. Schüler, Klassen oder Populationen) vorgenommen werden kann.

**Schlüsselwörter:** Kompetenzstrukturmodelle · Kompetenzniveaumodelle · Robustheit von Kompetenzmodellen

## How robust are models of competence? How stable are competencies across time and across different situations?

**Abstract:** For many domains of competence the temporal and situational stability is in the focus of empirical research. It is argued that the analysis of the robustness of competence structure models or competence level models can be investigated in terms of different model components (statistical model parameters or descriptions of proficiency levels) and different units of analysis of statistical inference (e.g., students, classes or populations).

**Keywords:** Competence level models · Competence structure models · Robustness of competence models

---

© Springer Fachmedien Wiesbaden 2013

Dipl.-Math. A. Robitzsch (✉)
Zentrum für Bildungsmonitoring & Bildungsstandards, Bundesinstitut für Bildungsforschung,
Innovation & Entwicklung des österreichischen Schulwesens (BIFIE),
Alpenstraße 121, 5020 Salzburg, Österreich
E-Mail: a.robitzsch@bifie.at

## 1 Wie robust sind Kompetenzstruktur- und Kompetenzniveaumodelle?

Die Robustheit von Struktur- und Niveaumodellen hängt vom Determinationsgrad des Domäneninhalts ab. Unter Robustheit eines Modells soll dabei das Ausmaß der Invarianz von aus dem Modell abgeleiteten Aussagen und Parametern in verschiedenen Subpopulationen (Personen), Variationen von Operationalisierungen (Items) und Situationen (z.B. Zeitpunkte oder Änderungen von Testkontexten, Designs u. ä.) verstanden werden. Modelle gelten als robust, wenn sie unter den genannten Bedingungen approximativ invariant sind (d. h. nur „wenige Abweichungen" von absoluter Invarianz besitzen oder diese bei einer großen Anzahl von Items wenig Bedeutung erlangen). Die Ansätze der Sensitivität (resp. Sensitivitätsanalysen) und der Generalisierbarkeit sind mit der Frage der Robustheit eng verbunden.

Dabei scheint die Robustheit mit der Feinkörnigkeit (*grain size*) der Domäne zusammenzuhängen: Kompetenzstrukturmodelle mit niedriger Feinkörnigkeit (grober Struktur) haben eine eher höhere Robustheit und erscheinen weniger abhängig von kleineren Veränderungen der Domäne, ihre Nützlichkeit ist jedoch eingeschränkt (vgl. Neumann 2013 in diesem Heft).

Niveaumodelle sind mit dem Ziel eingeführt worden, die Kommunikation über die zugrunde liegende Kompetenz zu erleichtern. Inzwischen ist unter anderem durch die fachdidaktische Beschreibung von Anforderungsmerkmalen in vielen Domänen eine rationale Grundlage für Niveaubeschreibungen geschaffen worden. Empirisch kann dies durch die Erklärung von Itemschwierigkeiten belegt werden (vgl. Fleischer et al. 2013 in diesem Heft). Allerdings sind entsprechende Niveaumodelle noch zu wenig auf Robustheit geprüft. Die Abgrenzung und das Labeling für Niveaustufen (etwa in Verfahren des Standard Setting) haben derzeit allerdings noch einen gewissen Grad an Beliebigkeit. Die Etablierung theoretisch fundierter und robuster Niveaumodelle ist also nach wie vor in der Kompetenzdiagnostik ein Desiderat. Im angloamerikanischen Raum finden Verfahren der vertikalen Verlinkung (vgl. Dorans et al. 2007) Verwendung, bei der eine Domäne – wie beispielsweise das Leseverstehen – über verschiedene Klassenstufen eindimensional unter Verwendung von Item-Response-Modellen abgebildet wird. Die in diesen Modellen involvierten latenten Variablen scheinen allerdings eher den Status eines Ordinalskalenniveaus zu besitzen (vgl. z.B. Ballou 2009; Lord 1980), sodass beliebige monotone Transformationen Aussagen über längsschnittliche Veränderung oder querschnittliche Differenzen verschiedener Klassenstufen ändern können (vgl, Robitzsch et al. 2011).[1]

Die Niveaubeschreibungen in einem Niveaumodell der Domäne des Leseverstehens können dabei jedoch in Modellen für verschiedene Klassenstufen differieren. Anhand dieses Konstrukts wird deutlich, dass Robustheit eines Modells zunächst „Robustheit" des zugrunde liegenden Konstrukts (oder einer Domäne) als Voraussetzung besitzt und damit Fragen der Robustheit nicht von Fragen der Validität zu trennen sind. In Domänen wie der Mathematik scheint für bestimmte Teilkompetenzen aufgrund curricularer Rahmenbedingungen eine vertikale Verlinkung nicht möglich und auch nicht sinnvoll.

Zur Untersuchung von Robustheitseigenschaften von Niveau- und Strukturmodellen wäre die Anwendung von Multitrait-Multimethod-Ansätzen (vgl. Nussbeck et al. 2007) oder der Generalisierbarkeitstheorie (vgl. Brennan 2011) erstrebenswert, die explizit verschiedene Facetten der Robustheit von Modellen anhand empirischer Daten untersuchen.

In diesem Rahmen kann die Prüfung der Robustheit über verschiedene Zeitpunkte und Personengruppen hinweg erfolgen. Robustheit von Strukturmodellen wird dabei tendenziell mit der Prüfung auf gewisse invariante Modellbestandteile auf der Personenseite (also hinsichtlich der Dimensionalität) untersucht, während Robustheit von Niveaumodellen eher auf die Untersuchung der Invarianz von Itemparametern (Itemschwierigkeiten und Itemladungen) unter Variation von Personenpopulationen, Zeitpunkten und Situationen abzielt. Beobachtet man beispielsweise für einen Test zum Leseverstehen nichtinvariante Itemschwierigkeiten in zwei aufeinanderfolgenden Klassenstufen, so spricht dies im Hinblick auf die Modellinterpretation über verschiedene Klassenstufen hinweg gegen die Robustheit eines zugehörigen Niveaumodells.

Für die Beschreibung einer konkreten Domäne müssen zugehörige Niveau- und Strukturmodelle nicht zugleich robust sein. Die notwendige Robustheit von Modellen ist dabei im Hinblick auf den Verwertungszweck der Modellresultate zu interpretieren. Für viele Modelle in der Kompetenzdiagnostik gilt aufgrund noch ausstehender Analysen zur Robustheit, dass wir uns weitgehend noch in dem Stadium der Modellexploration und noch nicht der Modellprüfung befinden.

## 2 Wie zeitlich stabil und über Situationen hinweg konstant sind Kompetenzen?

Faktisch werden Kompetenzmodelle für spezifische Populationen in spezifischen (mehr oder weniger breit angelegten) Kontexten zu spezifischen Zeitpunkten entwickelt. Soll eine Generalisierung stattfinden, so ist zu prüfen, inwieweit Struktur- und Niveaumodelle in unterschiedlichen Populationen und zu unterschiedlichen Zeitpunkten im Entwicklungsverlauf Gültigkeit haben. Dabei müssen Niveaumodelle nicht notwendigerweise individuelle Entwicklungen vorhersagen. Querschnittlich angelegte Niveaumodelle stellen daher keine Kompetenzentwicklungsmodelle dar. Dies wird am Paradigma der Unterscheidung intraindividueller von interindividuellen Unterschieden deutlich (vgl. Molenaar und Campbell 2009).

In einer längsschnittlichen Betrachtung sind Kompetenzen intraindividuell veränderlich. Auch wenn Kompetenzmodelle invariant und robust sind, wie es häufig angenommen wird, sind die Kompetenzausprägungen veränderbar bzw. beeinflussbar. Kompetenzausprägungen verändern sich dabei über die Zeit, wobei die Entwicklung nicht notwendigerweise einer monoton wachsenden Funktion folgt. Beispielsweise können Skalenwerte curricular abhängiger(er) Kompetenzbereiche längsschnittlich stagnieren oder sogar absinken. Generell kann dann untersucht werden, inwiefern sich die stichprobenabhängige Dimensionalität von untersuchten Konstrukten über die Zeit ändert (sog. *construct shift*; vgl. Reckase 2009).

Ein Messinstrument, das in querschnittlicher Perspektive nicht diskriminant valide ist, bzw. ein Konstrukt, das sich empirisch (noch) nicht von anderen Konstrukten unterscheiden lässt, könnte auch dann sinnvoll sein, wenn sich in längsschnittlicher Sicht zum Beispiel in Abhängigkeit von Instruktion differenzielle Entwicklung vollzieht (vgl. Fleischer et al. 2013 in diesem Heft zur Definition des Kompetenzbegriffs; vgl. auch Briggs 2011). Maße der instruktionalen Sensitivität (vgl. Polikoff 2010) sind dabei häufig auf Populations- oder Subpopulationsebene definiert und fokussieren dabei nicht auf die intraindividuelle Veränderung, sondern gegebenenfalls auf höhere Organisationseinheiten (z. B. Schulklassen, Schulen oder Bundesstaaten mit verschiedenen Curricula). Zusammenfassend deuten empirische Befunde auf Populationsebene darauf hin, dass es ebenso zeitliche Instabilität gibt. Die Veränderungen verlaufen jedoch deutlich langsamer als auf individueller Ebene. Auch situationale Stabilität scheint nur schwer zu erreichen zu sein, was allerdings dem Konzept von Kontextspezifität bei Kompetenzen entspricht. Selbst Kompetenzmodelle (zumindest Kompetenzniveaumodelle) sind im Allgemeinen nicht situationsinvariant, da sie dem Einfluss der Volition bei verschiedenen Gegenständen unterworfen sind.

**Danksagung:** Diese Veröffentlichung wurde ermöglicht durch Sachbeihilfen der Deutschen Forschungsgemeinschaft (Kennz.: WI 2667/7-1) im Schwerpunktprogramm „Kompetenzmodelle zur Erfassung individueller Lernergebnisse und zur Bilanzierung von Bildungsprozessen" (SPP 1293).

### Anmerkung

1  Für die Frage der Definition einer geeigneten Skalierung sind Analysen mit der Item-Response-Theorie gegenüber jenen mit klassischer Testtheorie oder der Generalisierbarkeitstheorie nicht zwingend vorzuziehen (vgl. Brennan 2011).

### Literatur

Ballou, D. (2009). Test scaling and value-added measurement. *Education Finance and Policy, 4,* 351–383.
Brennan, R. L. (2011). Generalizability theory and classical test theory. *Applied Measurement in Education, 24,* 1–21.
Briggs, D. C. (2011). Cause or effect? Validating the use of tests for high-stakes inferences in education. In N. Dorans & S. Sinharay (Hrsg.), *Looking back: Proceedings of a conference in honor of the career of Paul Holland* (S. 131–147). New York: Springer.
Dorans, N. J., Pommerich, M., & Holland, P. W. (2007). *Linking and aligning scores and scales.* New York: Springer.
Fleischer, J., Koeppen, K., Kenk, M., Klieme, E., & Leutner, D. (2013). Kompetenzmodellierung. Struktur, Konzepte und Forschungszugänge des DFG-Schwerpunktprogramms. In D. Leutner, E. Klieme, J. Fleischer & H. Kuper (Hrsg.), *Kompetenzmodelle zur Erfassung individueller Lernergebnisse und zur Bilanzierung von Bildungsprozessen: aktuelle Diskurse im DFG-Schwerpunktprogramm* (18. Sonderheft der Zeitschrift für Erziehungswissenschaft, DOI: 10.1007/s11618-013-0379-z). Wiesbaden: VS Verlag für Sozialwissenschaften.
Lord, F. M. (1980). *Applications of item response theory to practical testing problems.* Hillsdale: Erlbaum.
Molenaar, P. C. M., & Campbell, C. G. (2009). The new person-specific paradigm in psychology. *Current Directions in Psychological Science, 18,* 112–117.
Neumann, K. (2013). Mit welchem Auflösungsgrad können Kompetenzen modelliert werden? In welcher Beziehung stehen Modelle zueinander, die Kompetenz in einer Domäne mit unterschiedlichem Auflösungsgrad beschreiben? In D. Leutner, E. Klieme, J. Fleischer & H. Kuper (Hrsg.), *Kompetenzmodelle zur Erfassung individueller Lernergebnisse und zur Bilanzierung von Bildungsprozessen: aktuelle Diskurse im DFG-Schwerpunktprogramm* (18. Sonderheft der Zeitschrift für Erziehungswissenschaft, DOI: 10.1007/s11618-013-0382-4). Wiesbaden: VS Verlag für Sozialwissenschaften.

Nussbeck, F. W., Eid, M., Geiser, C., Courvoisier, D. S., & Cole, D. A. (2007). Multitrait-Multimethod-Analysen. In H. Moosbrugger & A. Kelava (Hrsg.), *Testtheorie und Fragebogenkonstruktion* (S. 361–388). Berlin: Springer.

Polikoff, M. S. (2010). Instructional sensitivity as a psychometric property of assessments. *Educational Measurement: Issues and Practice, 29,* 3–14.

Reckase, M. D. (2009). *Multidimensional item response theory.* New York: Springer.

Robitzsch, A., Dörfler, T., Pfost, M., & Artelt, C. (2011). Die Bedeutung der Itemauswahl und der Modellwahl für die längsschnittliche Erfassung von Kompetenzen: Lesekompetenzentwicklung in der Primarstufe. *Zeitschrift für Entwicklungspsychologie und pädagogische Psychologie, 43,* 213–227.

# Sind Modelle der Item-Response-Theorie (IRT) das „Mittel der Wahl" für die Modellierung von Kompetenzen?

Johannes Hartig · Andreas Frey

**Zusammenfassung:** Modelle der Item-Response-Theorie (IRT) gehören zur großen Gruppe von statistischen Analysemodellen mit latenten Variablen. Sie kommen bei der Auswertung standardisierter Tests zur Messung von Kompetenzen zunehmend zum Einsatz. Der vorliegende Beitrag fasst die spezifischen Vorteile von IRT-basierten Auswertungen gegenüber traditionellen Methoden sowie gegenüber anderen Modellen mit latenten Variablen (z. B. Strukturgleichungsmodellen) zusammen.

**Schlüsselwörter:** Item-Response-Theorie (IRT) · Skalierung · Messen · Testen

## Benefits and limitations of modeling competencies by means of Item Response Theory (IRT)

**Abstract:** Item response theory (IRT) models can be subsumed under the larger class of statistical models with latent variables. IRT models are increasingly used for the scaling of the responses derived from standardized assessments of competencies. The paper summarizes the strengths of IRT in contrast to more traditional techniques as well as in contrast to alternative models with latent variables (e. g. structural equation modeling). Subsequently, specific limitations of IRT and cases where other methods might be preferable are lined out.

**Keywords:** Item response theory (IRT) · Measurement · Scaling models · Testing

---

© Springer Fachmedien Wiesbaden 2013

Prof. Dr. J. Hartig (✉)
Bildungsqualität und Evaluation, Deutsches Institut für Internationale Pädagogische Forschung,
Schloßstr. 29, 60486 Frankfurt am Main, Deutschland
E-Mail: hartig@dipf.de

Prof. Dr. A. Frey (✉)
Institut für Erziehungswissenschaft, Friedrich-Schiller-Universität Jena,
Am Planetarium 4, 07737 Jena, Deutschland
E-Mail: andreas.frey@uni-jena.de

## 1 Welche Vorteile haben Methoden der Item-Response-Theorie (IRT) für die Modellierung von Kompetenzen?

Zur Messung und psychometrischen Modellierung von Kompetenzen (vgl. z. B. Hartig 2008) sollten vorzugsweise Methoden mit latenten Variablen (vgl. z. B. Skrondal und Rabe-Hesketh 2004) zum Einsatz kommen. Hierzu zählen Modelle der Item-Response-Theorie (IRT), je nach Datenlage und Zielsetzung aber auch andere Modellklassen wie beispielsweise Strukturgleichungsmodelle. Mit diesen Modellen kann systematische Varianz, die auf das zu messende Merkmal zurückgeht, von unsystematischer Fehlervarianz separiert und die Passung angenommener Modellstrukturen an empirische Daten statistisch getestet werden. Andere ältere Methoden (z. B. Methoden der klassischen Testtheorie [KTT] oder exploratorische Faktorenanalysen [EFA]), bei denen dies nicht der Fall ist, können flankierend eingesetzt werden, sollten aber nicht als alleiniger methodischer Zugang Verwendung finden.

Eine spezifische Stärke von IRT-Modellen liegt darin, dass sie die Lokalisation von sowohl Aufgabenschwierigkeiten als auch Personenmerkmalen auf einer gemeinsamen Skala ermöglichen. Dies ist eine wesentliche Grundlage für die kriteriumsorientierte Definition und Beschreibung von Kompetenzniveaus. Die gemeinsame Skala ist in der diagnostischen Praxis Voraussetzung für niveaubezogene Rückmeldungen von Testergebnissen und ermöglicht darüber hinaus eine effiziente Optimierung der Aufgabenauswahl beim computerisierten adaptiven Testen (CAT, z. B. Frey 2012). Eine weitere Stärke haben IRT-Modelle, wenn dieselben Aufgaben in verschiedenen Studien zum Einsatz kommen. Unter bestimmten Voraussetzungen können die Skalen der Studien, auch wenn sie nur eine gemeinsame Teilmenge von Aufgaben haben, im Rahmen eines sogenannten *Linkings* (vgl. z. B. Kolen und Brennan 2004) auf eine gemeinsame Metrik gebracht und vergleichend interpretiert werden. Ein weiterer Vorteil von IRT-Modellen besteht darin, dass mit ihnen auch Daten analysiert werden können, die auf Basis von Multi-Matrix-Designs (vgl. z. B. Frey et al. 2009) erhoben wurden. Die bei der Verwendung von Multi-Matrix-Designs resultierenden unvollständigen Datenstrukturen können mit auf Kovarianzstrukturen basierenden Modellen, wie beispielsweise Strukturgleichungsmodellen, nur analysiert werden, wenn das Matrix-Design dergestalt balanciert ist, dass jede mögliche Kombination von Items realisiert wurde. Eine weitere für die Modellierung von Kompetenzen häufig nützliche Eigenschaft von IRT-Modellen stellt die Möglichkeit dar, Eigenschaften der Testaufgaben explizit zu parametrisieren. Dies ist beispielsweise mit dem Linear-Logistischen Testmodell (LLTM; vgl. Fischer 1996) sowie verwandten Modellen (vgl. z. B. Janssen et al. 2004) möglich. Hierdurch können beispielsweise kognitive Anforderungen modelliert werden, was ein tieferes Verständnis der untersuchten Kompetenz ermöglicht (vgl. z. B. Hartig et al. 2012). Dieser Einbezug ist prinzipiell auch in anderen Modellen mit latenten Variablen möglich (vgl. z. B. Hartig et al. 2007), im Zusammenhang mit der durch IRT-Modelle gegebenen gemeinsamen Skala für Aufgabenschwierigkeiten und Personenmerkmale aber besonders nützlich. Bei Modellen mit Aufgabeneigenschaften muss beachtet werden, dass Modelle zum Zusammenhang von Aufgabeneigenschaften und Aufgabenschwierigkeiten nicht zu einfach formuliert werden und auch mögliche Interaktionen zwischen Aufgabenmerkmalen, aber auch zwischen Aufgaben- und Personenmerkmalen in Betracht gezogen werden.

Die Modellierung von Zeitverläufen ist innerhalb von IRT-Modellen auf verschiedene Weisen möglich (vgl. z. B. Fischer und Seliger 1996; Hartig und Kühnbach 2006), allerdings bisher mit Strukturgleichungsmodellen (vgl. z. B. Bollen und Curran 2006) oder Mehrebenen-Modellen (vgl. z. B. Singer und Willett 2003) besser etabliert.

## 2 Wo liegen Grenzen der Modellierung von Kompetenzen mit IRT-Modellen?

An Grenzen stoßen IRT-Modelle bei der Berücksichtigung von Verletzungen der lokalen stochastischen Unabhängigkeit. Die Annahme drückt aus, dass die Art der Beantwortung einer Aufgabe unabhängig davon ist, wie andere Aufgaben im selben Test beantwortet werden. Lokale Abhängigkeiten zwischen den Antworten auf verschiedene Aufgaben können bei Kompetenzmessungen beispielsweise bei Aufgaben mit gemeinsamen Aufgabenstämmen (Testlets) oder in Messwiederholungsdesigns auftreten. Prinzipiell ist eine Berücksichtigung derartiger Abhängigkeiten möglich (Überblick in Chen 2010 sowie Wainer et al. 2007). Für empirische Datensätze mit vielen Aufgabenstämmen können diese Modelle jedoch sehr große Stichproben benötigen, um zuverlässige Schätzungen zu gewährleisten, oder sogar zu komplex werden, um mit momentan verfügbaren Computern geschätzt werden zu können.

Eine Schwäche vieler IRT-Modelle ist derzeit das Fehlen etablierter globaler Kriterien für die Beurteilung der Modellgüte. Während konkurrierende Modelle für dieselbe Datenlage anhand der Informationskriterien (AIC, BIC) verglichen werden können, fehlen für viele Modelle etablierte Maße und Tests zur Einschätzung der absoluten Passung der Daten auf das Modell. Bei Strukturgleichungsmodellen ist die Situation günstiger, da hier eine größere Anzahl von etablierten globalen Fitindizes berechnet werden kann. Insofern kann die Anwendung von Strukturgleichungsmodellen für ordinale Daten von Vorteil sein, wenn etwa mehrdimensionale Strukturen überprüft werden sollen.

Eine Herausforderung – aber kein prinzipielles Problem – besteht darin, den Kontext, in dem die Messungen durchgeführt werden, seitens der verwendeten IRT-Modelle zu berücksichtigen (z. B. high-stakes vs. low-stakes, unterschiedliche Bearbeitungsstrategien etc.). Denkbar ist der Einbezug derartiger Kontexte durch die Verwendung von Mischverteilungsmodellen (vgl. z. B. Rost und von Davier 1995). Mit diesen speziellen IRT-Modellen können Gruppen in unterschiedlichen Kontexten oder mit unterschiedlichen Bearbeitungsstrategien durch latente Klassen repräsentiert werden. Die hiermit verbundenen möglichen Probleme sind allerdings nicht IRT-spezifisch, sondern bei anderen Auswertungsmethoden (z. B. Strukturgleichungsmodelle, KTT) mindestens in gleichem Umfang gegeben. Generell sollte eine Vergleichbarkeit verschiedener Datenerhebungen (Durchführungsobjektivität) schon durch geeignete Erhebungsstrategien sichergestellt werden.

Grundsätzlich reflektiert werden sollte die den meisten IRT-Modellen zugrunde liegende Annahme kontinuierlicher Merkmalsdimensionen. Kategoriale Eigenschaften, zum Beispiel qualitative Übergänge wie in der Conceptual-Change-Forschung, sind mit Modellen mit latenten Klassen angemessener modellierbar. Hier ist unter dem Schlagwort „Kognitive Diagnosemodelle" (vgl. z. B. Rupp et al. 2010) aktuell zwar eine rege Methodenentwicklung zu verzeichnen, aber es fehlen erfolgreiche Anwendungsbeispiele (vgl. auch Kunina-Habenicht et al. 2009). Ferner sind die für komplexere kognitive Diagnosemodelle benötigten Stichproben teilweise extrem groß und in vielen Studien nicht zu erreichen.

Die Notwendigkeit vergleichsweise großer Stichproben stellt beim Einsatz von IRT-Modellen ein generelles forschungspraktisches Problem dar. Die großen Stichproben werden benötigt, um hinreichend präzise Parameterschätzungen zu erhalten. Während bei Analysen mit dem eindimensionalen Rasch-Modell häufig schon 100 Antworten pro Item ausreichend sind, benötigen beispielsweise komplexe kognitive Diagnosemodelle sechsstellige Stichprobengrößen.

Als ein praktisches Problem kann die schwierige Vermittelbarkeit von Ergebnissen aus komplexen Modellen an ein breiteres Publikum (z. B. psychometrisch nicht vorgebildete Lehrkräfte oder Politiker/innen) betrachtet werden.

## 3 Sind neue Verfahren notwendig, um komplexe Kompetenzen adäquat modellieren zu können?

IRT-Modelle sind unter anderem deshalb attraktiv, weil viele Faktoren integriert werden können und sie (bei Einbezug latenter Klassenmodelle) nicht notwendigerweise an kontinuierliche Fähigkeitsdimensionen gebunden sind. Die in der psychometrischen Fachliteratur beschriebenen Modelle sind sehr umfangreich, sodass für das DFG-Schwerpunktprogramm „Kompetenzmodelle zur Erfassung individueller Lernergebnisse und zur Bilanzierung von Bildungsprozessen" nicht die Notwendigkeit besteht, neue Verfahren zu entwickeln. Die Herausforderung für die kommenden Jahre besteht vielmehr darin, die mathematisch formulierten Modelle für die Kompetenzdiagnostik zugänglich zu machen und deren Nützlichkeit anhand empirischer Daten zu belegen.

**Danksagung:** Diese Veröffentlichung wurde ermöglicht durch Sachbeihilfen der Deutschen Forschungsgemeinschaft (Kennz.: HA 5050/2-2 und FR 2552/2-2) im Schwerpunktprogramm „Kompetenzmodelle zur Erfassung individueller Lernergebnisse und zur Bilanzierung von Bildungsprozessen" (SPP 1293).

## Literatur

Bollen, K. A., & Curran, P. J. (2006). *Latent curve models: A structural equation perspective*. New York: Wiley.

Chen, T. A. (2010). *Random or fixed testlet effects: A comparison of two multilevel testlet models* [Unveröffentlichte Dissertation]. Austin: University of Texas.

Fischer, G. H. (1996). Unidimensional linear logistic Rasch models. In W. J. van der Linden & R. K. Hambleton (Hrsg.), *Handbook of modern item response theory* (S. 225–243). New York: Springer.

Fischer, G. H., & Seliger, E. (1996). Multidimensional linear logistic models for change. In W. J. van der Linden & R. K. Hambleton (Hrsg.), *Handbook of modern item response theory* (S. 323–346). New York: Springer.

Frey, A. (2012). Adaptives Testen. In H. Moosbrugger & A. Kelava (Hrsg.), *Testtheorie und Fragebogenkonstruktion* (2., akt. und überarb. Aufl., S. 275–293). Berlin: Springer.
Frey, A., Hartig, J., & Rupp, A. (2009). Booklet designs in large-scale assessments of student achievement: Theory and practice. *Educational Measurement: Issues and Practice, 28,* 39–53.
Hartig, J. (2008). Psychometric models for the assessment of competencies. In J. Hartig, E. Klieme & D. Leutner (Hrsg.), *Assessment of competencies in educational contexts* (S. 69–90). Göttingen: Hogrefe.
Hartig, J., & Kühnbach, O. (2006). Schätzung von Veränderungswerten mit Plausible Values in mehrdimensionalen Rasch-Modellen. In A. Ittel & H. Merkens (Hrsg.), *Veränderungsmessung und Längsschnittstudien in der Erziehungswissenschaft* (S. 27–44). Wiesbaden: VS Verlag für Sozialwissenschaften.
Hartig, J., Hölzel, B., & Moosbrugger, H. (2007). A confirmatory analysis of item reliability trends (CAIRT): Differentiating true score and error variance in the analysis of item context effects. *Multivariate Behavioral Research Methods, 42,* 157–183.
Hartig, J., Frey, A., Nold, G., & Klieme, E. (2012). An application of explanatory item response modeling for model-based proficiency scaling. *Educational and Psychological Measurement, 72,* 665–686.
Janssen, R., Schepers, J., & Peres, D. (2004). Models with item and item group predictors. In P. De Boeck & M. Wilson (Hrsg.), *Explanatory item response models: A generalized linear and nonlinear approach* (S. 189–212). New York: Springer.
Kolen, M. J., & Brennan, R. L. (2004). *Test equating, scaling, and linking: Methods and practices.* New York: Springer.
Kunina-Habenicht, O., Rupp, A. A., & Wilhelm, O. (2009). A practical illustration of multidimensional diagnostic skills profiling: Comparing results from confirmatory factor analysis and diagnostic classification models. *Studies in Educational Evaluation, 35,* 64–70.
Rost, J., & von Davier, M. (1995). Mixture distribution Rasch models. In G. Fischer & I. Molenaar (Hrsg.), *Rasch Models: Foundations, recent developments, and applications* (S. 257–268). New York: Springer.
Rupp, A. A., Templin, J., & Henson, R. A. (2010). *Diagnostic measurement: Theory, methods, and applications.* New York: Guildford Press.
Singer, J. D., & Willett, J. B. (2003). *Applied longitudinal data analysis: Modeling change and event occurrence.* Oxford: University Press.
Skrondal, A., & Rabe-Hesketh, S. (2004). *Generalized latent variable modeling: Multilevel, longitudinal and structural equation models.* Boca Raton: Chapman & Hall.
Wainer, H., Bradlow, E. T., & Wang, X. (2007). *Testlet response theory and its applications.* New York: Cambridge University Press.

# Wann sollten computerbasierte Verfahren zur Messung von Kompetenzen anstelle von papier- und bleistift-basierten Verfahren eingesetzt werden?

Andreas Frey · Johannes Hartig

**Zusammenfassung:** Kompetenzen werden zurzeit meistens mit Papier- und Bleistift-Tests erhoben. Die Messung von bestimmten Kompetenzen stellt aber in dreierlei Hinsicht neue Herausforderungen an die pädagogisch-psychologische Diagnostik, denen nur schwer mit Papier- und Bleistift-Tests begegnet werden kann. Für a) Kompetenzen, bei denen eine zeitkritische Ausführung komplexer Interaktionen zentral ist, b) komplexen Kompetenzkonstrukten sowie c) Kompetenzen, deren Ausübung an einen Computer gebunden ist, ist eine computerbasierte Erfassung als deutlich vorteilhafter einzuschätzen als eine papier- und bleistift-basierte Messung. Generell gibt es jedoch kein per se überlegenes Testmedium. Vielmehr sollte jeweils das Testmedium genutzt werden, mit dem die jeweilige theoretische Konzeption eines Kompetenzkonstrukts am besten operationalisiert werden kann. Erscheinen sowohl Papier- und Bleistift als auch Computer prinzipiell zur Messung eines Kompetenzkonstrukts geeignet, sollte kalkuliert werden, welches der beiden Testmedien ökonomischer wäre. Bei der Kalkulation sind nicht nur die Mehrkosten durch den Computereinsatz zu beachten, sondern auch spezifische Kosten, die nur bei Papier- und Bleistift-Tests anfallen.

**Schlüsselwörter:** Kompetenzen · Messen · Testen · Computerbasiertes Testen

## In which settings should computer-based tests be used instead of paper and pencil-based tests?

**Abstract:** Currently, competencies are mostly assessed with paper and pencil tests. Nevertheless, for some competencies, using paper and pencil tests is problematic for three reasons. For (a) competencies requiring complex interactions under time constraints, (b) complex competence

---

© Springer Fachmedien Wiesbaden 2013

Prof. Dr. A. Frey (✉)
Institut für Erziehungswissenschaft, Friedrich-Schiller-Universität Jena,
Am Planetarium 4, 07737 Jena, Deutschland
E-Mail: andreas.frey@uni-jena.de

Prof. Dr. J. Hartig
Bildungsqualität und Evaluation, Deutsches Institut für Internationale Pädagogische Forschung,
Schloßstr. 29, 60486 Frankfurt am Main, Deutschland
E-Mail: hartig@dipf.de

constructs, and (c) competencies requiring using a computer, a computer-based assessment provides several advantages compared to a paper and pencil-based assessment. Nevertheless, none of the two testing media is superior to the other in a general way. Thus, the testing medium which provides the best opportunities for a proper operationalization of the competence construct at stake should be selected. If both paper and pencil and computer seem applicable for measuring a competence construct, precisely costing out and comparing the two alternatives is recommended. Within this comparison, not only the additional costs caused by using computers but also the specific costs of paper and pencil-based assessment should be considered.

**Keywords:** Competencies · Computer-based testing · Measurement · Testing

## 1 Können alle Kompetenzen valide mit papier- und bleistift-Verfahren gemessen werden?

Die standardisierte pädagogisch-psychologische Diagnostik bedient sich seit ihren Anfängen zu Beginn des 20. Jahrhunderts vornehmlich papier- und bleistift-basierter Messverfahren. Mit diesem Testmedium konnte für eine Vielzahl an Konstrukten adäquate und nützliche Messinstrumente konstruiert werden. Auch in der Kompetenzdiagnostik ist der papier- und bleistift-basierte Zugang momentan vorherrschend. Die Messung von bestimmten Kompetenzen stellt aber in dreierlei Hinsicht neue Herausforderungen an die pädagogisch-psychologische Diagnostik, denen nur schwer mit dem herkömmlichen Zugang mit Papier- und Bleistift-Tests begegnet werden kann.

Erstens rücken zunehmend Kompetenzen in den Blick, die im teilweise zeitkritischen Ausführen komplexer Interaktionen bestehen und/oder die an realistische Anwendungssituationen gebunden sind. Gerade solche Kompetenzen sind im Hinblick auf beruflichen und sozialen Erfolg besonders relevant. Der Fokus liegt bei diesen Kompetenzen weniger auf der Wiedergabe oder der Verwendung isolierter curricularer Inhalte, sondern in deren integrierter Anwendung bei der Lösung realer Aufgabenstellungen und Probleme in beruflichen und sozialen Kontexten. Die Quantifizierung von Interaktionsmustern, die hochinferente Protokollierung von Bearbeitungszeiten und die Darstellung realistischer Kontexte ist mit dem statischen Testmedium Papier- und Bleistift in der Regel nur sehr begrenzt oder mit sehr großem Aufwand möglich. Computer bieten hier vielfältigere Möglichkeiten, da in computerbasierten, interaktiven Testumgebungen Daten verhaltensnah und zeitkritisch erhoben werden. Dies ermöglicht die Messung von Konstrukten wie dynamisches Problemlösen (vgl. z. B. Funke 2003; Wirth und Klieme 2003; Leutner et al. 2004), wobei auch Bearbeitungszeiten auf einfache Weise aufgezeichnet und mit aktuellen Methoden der Item-Response-Theorie zur Anreicherung der Testergebnisse verwendet werden (vgl. z. B. Goldhammer und Klein Entink 2011; van der Linden 2007). Durch die Darbietung von graphischen (hochauflösende Abbildungen, Animationen, Videosequenzen usw.) und auditiven Stimuli kann zudem ein hoher Grad an Realitätsnähe erreicht werden. So kann beispielsweise authentisches Tonmaterial als Stimulus bei einem Hörverstehenstest eingesetzt werden.

Zweitens handelt es sich bei Kompetenzen häufig um sehr komplexe Konstrukte. Sie sind in der Regel kontextspezifisch und handlungsbezogen definiert und basieren zumeist auf differenzierten theoretischen Konzeptionen. Während beispielsweise klassische, in der Psychologie betrachtete kognitive Leistungskonstrukte wie Merkfähigkeit teilweise mit einem einzelnen Satz definiert werden können, sind die theoretischen Beschreibungen von Kompetenzen zumeist deutlich umfassender. Die reliable und valide vollständige Abbildung solch komplexer Konstrukte erfordert in der Regel eine umfangreiche empirische Datenbasis, um die relevanten Inhalte in der theoretisch spezifizierten Breite angemessen zu repräsentieren. Diese umfangreiche Datenbasis kann entweder durch die Vorgabe von sehr vielen Items an einzelne Testpersonen oder durch die Untersuchung von sehr großen Stichproben sichergestellt werden. Aufgrund der auch im zweiten Fall nötigen großen Anzahl an Items macht in der Regel die Nutzung unvollständiger Testheftdesigns (vgl. Frey et al. 2009; Gonzalez und Rutkowski 2010; Yousfi und Böhme 2012) notwendig, mit denen zwar unverzerrte Populationskennwerte berechnet, aber keine Aussagen auf Individualebene getroffen werden können. Zur Messung komplex definierter Kompetenzen wie beispielsweise mathematischer Kompetenz oder Lesekompetenz sind die Anforderungen an Testlänge (Items pro Person) oder Stichprobengröße so hoch, dass sich eine Ableitung von hinreichend präzisen individuellen Kompetenzwerten mit Papier- und Bleistift-Verfahren aus praktischen Gründen ausschließt. Diese Problematik lässt sich durch computerisiertes adaptives Testen (CAT; vgl. z. B. Frey 2012) erheblich verringern. Bei CAT werden in der Regel nur halb so viele Items benötigt, um genauso präzise Messwerte zu erhalten wie bei herkömmlichen sequenziellen Tests. Adaptives Testen ist außerdem für die Kompetenzdiagnostik ausgesprochen nützlich, da das ursprünglich eindimensionale CAT-Konzept in den letzten Jahren auch für mehrdimensionale Messansätze (Überblick in Frey und Seitz 2009; hypothetische Anwendung bei PISA in Frey und Seitz 2011) und kognitive Diagnosemodelle (vgl. z. B. Rupp et al. 2010) erweitert wurde (vgl. Cheng 2009, 2010).

Drittens werden zunehmend Kompetenzen relevant, deren Ausübung an die Benutzung von Informationstechnologie gebunden ist. Beispiele hierfür sind die Kompetenz im Umgang mit Informations- und Kommunikationstechnologien selbst (ICT Literacy), das Lesen elektronischer Texte, die Verwendung des Computers als Werkzeug zur Lösung mathematischer oder naturwissenschaftlicher Probleme, die computerbasierte Durchführung umfangreicher oder iterativer Berechnungen oder die Erstellung von technischen Zeichnungen und Animationen. Die genannten Kompetenzen sind entweder gänzlich an den Computer gebunden oder werden in praktischen Betätigungsfeldern fast ausschließlich mit dem Computer ausgeübt. Für die Zukunft ist damit zu rechnen, dass weitere schulisch vermittelte Kompetenzen im Berufsleben vor allem unter Benutzung von Computern zunehmend relevant werden. Es bietet sich folglich an, dass eine Messung solcher Kompetenzen ebenfalls am Computer stattfindet. Dies lässt eine höhere prognostische Validität erwarten als bei einer papier- und bleistift-basierten Messung, weil die Handlung, auf die aufgrund der Testwerte geschlossen werden soll, am Computer realistischer getestet werden kann.

Vorerst werden papier- und bleistift-basierte Verfahren voraussichtlich ein zentraler Zugang der Kompetenzdiagnostik bleiben. Bei den drei oben skizzierten Arten komplexer Kompetenzen, die nur schwer oder unter großem Aufwand mit Papier- und Bleistift-Verfahren zu messen sind, werden computerbasierte Verfahren jedoch künftig erheblich an Bedeutung gewinnen. Für die Testpraxis stellt sich allerdings nicht die Frage nach dem besten Testmedium per se, sondern danach, mit welchem Testmedium die jeweilige theoretische Konzeption eines Kompetenzkonstrukts am besten operationalisiert werden kann. Zentral ist dabei die Frage der Validität und somit danach, in welchem Ausmaß die ermittelten Testwerte im Sinne des theoretischen Kompetenzverständnisses interpretiert werden können. Bei vielen Kompetenzkonstrukten ergibt sich die Wahl des am besten geeigneten Testmediums direkt aus der jeweiligen theoretischen Konzeption. Erscheinen sowohl papier- und bleistift-basierte als auch computerbasierte Testverfahren als prinzipiell geeignet, valide interpretierbare Testwerte zu generieren, sollte kalkuliert werden, welche der beiden Administrationsformen vorteilhafter ist. Dies ist notwendig, da bestimmte Rahmenbedingungen erfüllt sein müssen, damit computerbasiertes Testen auf ökonomische Weise eingesetzt werden kann. Diese Rahmenbedingungen werden im folgenden Abschnitt skizziert.

## 2 Unter welchen Voraussetzungen sind computerbasierte Administrationsformen auf ökonomische Weise zu realisieren?

Ein häufig genanntes Argument gegen computerbasiertes Testen sind die damit verbundenen hohen Kosten. In der Tat können erhebliche Kosten bei computerbasierten Kompetenztestungen anfallen. Nicht selten sind aber auch Rahmenbedingungen gegeben, unter denen eine computerbasierte Testung ökonomisch zu realisieren ist, teilweise sogar deutlich ökonomischer als Papier- und Bleistift-Tests. Deshalb sollten die gegebenen Rahmenbedingungen vor der Entscheidung für ein Testmedium sorgfältig analysiert und die jeweils anfallenden Kosten kalkuliert werden. Eine ökonomische Durchführung von computerbasierten Verfahren ist vor allem bei

- vorhandener Testsoftware,
- Low-Stakes-Testungen und Internetzugang am Testort,
- großen Stichproben,
- häufig wiederholten Routinetestungen sowie
- am Testort verfügbaren Computern

zu erwarten (vgl. auch Parshall et al. 2002).

Soll eine Entscheidung zwischen papier- und bleistift-basierter Testung und computerbasierter Testung getroffen werden, ist es wichtig, auch für Erstere alle Kosten zu beachten. Beispielsweise werden beim Vergleich von papier- und bleistift- mit computerbasierten Verfahren häufig vor allem die Mehrkosten betrachtet, die direkt durch den Computereinsatz entstehen. Die bei einigen Studien erheblichen Kosten für die Verwaltung des Itempools, den Satz und Druck von Testheften, die Verbringung von gedruckten Testmaterialien an den Testort, die Eingabe oder das Einscannen von Antworten sowie die Lagerung von Testbögen im Rahmen der gesetzlichen Archivierungsfrist werden dabei teilweise übersehen. Werden solche Aspekte in die allfälligen Kalkulationen miteinbezogen, fallen die Kosten bei Papier- und Bleistift-Verfahren nicht selten höher aus, als bei computerbasierten Verfahren.

**Danksagung:** Diese Veröffentlichung wurde ermöglicht durch Sachbeihilfen der Deutschen Forschungsgemeinschaft (Kennz.: FR 2552/2-2 und HA 5050/2–2) im Schwerpunktprogramm

"Kompetenzmodelle zur Erfassung individueller Lernergebnisse und zur Bilanzierung von Bildungsprozessen" (SPP 1293).

## Literatur

Cheng, Y. (2009). When cognitive diagnosis meets computerized adaptive testing: CD-CAT. *Psychometrika, 74,* 619–632.
Cheng, Y. (2010). Improving cognitive diagnostic computerized adaptive testing by balanced attribute coverage: the modified maximum global discrimination index method. *Educational and Psychological Measurement, 70,* 902–913.
Frey, A. (2012). Adaptives Testen. In H. Moosbrugger & A. Kelava (Hrsg.), *Testtheorie und Fragebogenkonstruktion* (2., akt. und überarb. Aufl., S. 275–293). Berlin: Springer.
Frey, A., & Seitz, N. N. (2009). Multidimensional adaptive testing in educational and psychological measurement: Current state and future challenges. *Studies in Educational Evaluation, 35,* 89–94.
Frey, A., & Seitz, N. N. (2011). Hypothetical use of multidimensional adaptive testing for the assessment of student achievement in PISA. *Educational and Psychological Measurement, 71,* 503–522.
Frey, A., Hartig, J., & Rupp, A. (2009). Booklet designs in large-scale assessments of student achievement: Theory and practice. *Educational Measurement: Issues and Practice, 28,* 39–53.
Funke, J. (2003). *Problemlösendes Denken.* Stuttgart: Kohlhammer.
Goldhammer, F., & Klein Entink, R. H. (2011). Speed of reasoning and its relation to reasoning ability. *Intelligence, 39,* 108–119.
Gonzalez, E., & Rutkowski, L. (2010). Principles of multiple matrix booklet designs and parameter recovery in large-scale assessments. *IERI Monograph Series: Issues and Methodologies in Large-Scale Assessments, 3,* 125–156.
Leutner, D., Klieme, E., Meyer, K., & Wirth, J. (2004). Problemlösen. In PISA-Konsortium Deutschland (Hrsg.), *PISA 2003. Der Bildungsstand der Jugendlichen in Deutschland – Ergebnisse des zweiten internationalen Vergleichs* (S. 147–175). Münster: Waxmann.
Parshall, C. G., Spray, J. A., Kalohn, J. C., & Davey, T. (2002). *Practical considerations in computer-based testing.* New York: Springer.
Rupp, A. A., Templin, J., & Henson, R. A. (2010). *Diagnostic measurement: theory, methods, and applications.* New York: Guilford Press.
van der Linden, W. J. (2007). A hierarchical framework for modeling speed and accuracy on test items. *Psychometrika, 72,* 287–308.
Wirth, J., & Klieme, E. (2003). Computer-based assessment of problem solving performances. *Assessment in Education: Principles, Policy & Practice, 10,* 329–345.
Yousfi, S., & Böhme, H. (2012). Principles and procedures of considering item sequence effects in the development of calibrated item pools: Conceptual analysis and empirical illustration. *Psychological Test and Assessment Modeling, 54*(4), 366–396.

# Welche Rolle spielt Kompetenzdiagnostik im Rahmen von Lehr-Lernprozessen?

Susanne Bögeholz · Sabina Eggert

**Zusammenfassung:** Kompetenzdiagnostik kann Lehr-Lernprozesse unterstützen. Sie bezieht sich auf die Individual-, Klassen-, Schul- oder Länderebene und verfolgt damit jeweils spezifische Zwecke: So dienen Large-Scale-Assessments dem Bildungsmonitoring, während Assessments auf Individualebene entscheidend für persönliche Bildungswege sein können. In der Regel erfolgt Kompetenzdiagnostik mit Messmodellen der Item-Response-Theorie (IRT). Dies ist ein Grund, warum das Potenzial von Kompetenzdiagnostik für Feedback und individuelle Förderung bislang kaum ausgeschöpft wird. Lehrkräften fällt es vielfach schwer, Befunde aus IRT-Modellierungen zu interpretieren und für die Gestaltung von Lehr-Lernprozessen zu nutzen. Es ist daher ratsam, Lehrkräfte bei der Anwendung von Wissen aus Assessments für den Unterricht zu begleiten. Zudem sollte es Ziel sein, Unterricht und Kompetenzdiagnostik systematischer aufeinander zu beziehen. Kompetenzmodelle sollten die gemeinsame Referenz für das Unterrichten sowie für formatives und summatives Assessment sein. Prozessbegleitendes, formatives Assessment liefert eine Basis für kriteriales Feedback und kann dazu beitragen, die auf Systemebene definierten Standards in den Unterricht zu tragen. Dennoch bedarf es weiterer Forschung zur Kompetenzdiagnostik, deren Kommunikation und Einbeziehung für die Gestaltung von Lehr-Lernprozessen.

**Schlüsselwörter:** Kompetenzdiagnostik · Kompetenzmodell · Lehr-Lernprozesse · Formatives Assessment · Summatives Assessment

## Chances and challenges of competence assessment for teaching and learning

**Abstract:** Competence assessment can support evidence-based teaching and learning. Depending on its specific purpose, competence assessment can be applied at the individual, the classroom or school level as well as on a national level. Large-scale-assessments are typical examples for system monitoring. Competence assessment on the individual level can provide important information with respect to individual qualification and learning outcomes. Typically, competence assessment uses psychometric models from Item-Response-Theory (IRT). However, until present, competence assessment still struggles to tap its full potential regarding feedback and individual support. Teachers often have difficulties to interpret results from competence assessments that are

© Springer Fachmedien Wiesbaden 2013

Prof. Dr. S. Bögeholz (✉) · Dr. S. Eggert (✉)
Biologische Fakultät, Georg-August-Universität Göttingen,
Waldweg 26, 37073 Göttingen, Deutschland
E-Mail: sboegeh@gwdg.de

Dr. S. Eggert
E-Mail: seggert1@gwdg.de

based on IRT. Thus, it is crucial to support teachers in using these results to improve classroom teaching. One of the main challenges of educational measurement is to align everyday classroom teaching with formative and summative assessments and to establish competence models as a common ground. Process-orientated, formative assessment can inform criterion-based feedback and, consequently, promote teaching on the basis of educational standards that were defined on the system level. However, more work needs to be done with respect to research on assessments as well as their communication and implementation into teaching practice.

**Keywords:** Competence assessment · Competence model · Evidence-based teaching · Formative assessment · Summative assessment

Die Messung von Kompetenzen spielt auf nationaler Ebene spätestens seit dem wenig zufriedenstellenden Abschneiden deutscher Schüler/-innen in der internationalen Vergleichsstudie PISA 2000 eine zentrale Rolle (vgl. Deutsches PISA-Konsortium 2001). Seit Verabschiedung der nationalen Bildungsstandards – und der damit verbundenen Neuorientierung des Bildungssystems – wird Kompetenzdiagnostik sowohl im Rahmen der Evaluation und Normierung der nationalen Bildungsstandards in Deutschland (vgl. Walpuski et al. 2008; Kauertz et al. 2010) als auch auf Länderebene in Lernstandserhebungen und Vergleichsarbeiten systematisch durchgeführt (vgl. u. a. Leutner et al. 2007). Kompetenzdiagnostik trägt dazu bei, intensiver auf die mittel- und langfristig wirkenden Lehr-Lernprozesse zu fokussieren. Das heißt es geht darum, den Erwerb von Kompetenzen gemäß der Standards langfristig über Unterrichtsentwicklung zu unterstützen (vgl. z. B. EMSE-Netzwerk 2008; KMK 2010).

Die Ziele von Kompetenzdiagnostik können dabei sehr unterschiedlich sein. Im ursprünglichen Sinne bezieht sich Kompetenzdiagnostik auf die Individualebene und dient der „Vorbereitung von Entscheidungen im Einzelfall" (Leutner et al. 2007, S. 151). Im Gegensatz dazu ermöglicht Kompetenzdiagnostik im Rahmen von Vergleichsarbeiten und Lernstandserhebungen in der Regel Aussagen auf aggregierter Klassen-, Schul- oder Länderebene (vgl. u. a. Leutner et al. 2007).

Die unterschiedlichen Arten der Kompetenzdiagnostik verfolgen unterschiedliche Zwecke und erlauben schließlich auch nur für diese Zwecke spezifische Aussagen und Rückmeldungen (vgl. Koeppen et al. 2008). Während Kompetenzdiagnostik im Rahmen von summativen Large-Scale-Assessments ein Bildungsmonitoring ermöglicht (vgl. Leutner et al. 2008), erlaubt summatives Assessment auf Individualebene Aussagen über die Kompetenz der Schüler/innen zu einem bestimmten Zeitpunkt (vgl. Leutner et al. 2007; Koeppen et al. 2008). Die Performanz in derartigen Tests auf Individualebene kann weitreichende Konsequenzen für den weiteren Bildungsweg haben (vgl. ebd.). Kompetenzen im Rahmen summativer Assessments werden in der Regel mit Hilfe von Messmodellen der Item-Response-Theorie (IRT) modelliert (vgl. Hartig und Frey 2013 in diesem Heft).

Inwiefern die IRT-Methodik im Rahmen von Kompetenzdiagnostik unmittelbar oder mittelbar für den Unterricht und dabei vor allem als Feedback-Instrument für Lehrkräfte verwendet werden kann, ist eine zentrale Herausforderung für die Forschung. So werden Daten aus Vergleichsarbeiten auf Klassenebene an Lehrkräfte zurückgemeldet, um ihnen ein kriteriales Feedback zur Reflexion und Optimierung ihres eigenen Unterrichts zu geben (Leutner et al. 2007). Das alleinige Bereitstellen derartiger Informationen hat jedoch kaum Einfluss auf die Verbesserung der Unterrichtsqualität. Zentral ist es, dass die Lehrkräfte die Verfahrensweise ernst nehmen und als praktikabel sowie nützlich einstufen (vgl. Bonsen et al. 2006; zur Begegnung negativer Auswirkungen von Kompetenzdiagnostik siehe McElvany und Rjosk 2013 in diesem Heft). Erfolgversprechender scheinen daher (fach-)didaktische Ansätze zu sein, die auf Basis von Kompetenzdiagnostik den Lehrkräften helfen, ihren Unterricht zu verbessern und die in ein umfangreiches Fortbildungskonzept eingebunden sind (vgl. Maier 2008). Anglo-amerikanische Studien zeigen auch, dass die Ergebnisse von Kompetenzmessungen von Lehrkräften noch nicht als unmittelbar hilfreich für den Unterricht wahrgenommen werden (vgl. Koeppen et al. 2008). Dies hat mehrere Gründe, darunter die zur klassischen Notengebung unterschiedliche Herangehensweise bei der Skalierung von Kompetenzen im Rahmen der IRT-Modellierung und die damit verbundene teilweise ungewohnte Darstellung und schwierige Vermittelbarkeit der Ergebnisse (vgl. Hartig und Frey 2013 in diesem Heft).

Derzeitige Studien zur Kompetenzdiagnostik schöpfen ihr Potenzial als Unterstützungs- und Feedbackinstrumente für Lehrkräfte bislang noch kaum aus. Ziel muss es sein, Kompetenzdiagnostik und Unterricht stärker aufeinander zu beziehen. Zur Umsetzung wäre es erforderlich, die diagnostische Kompetenz von Lehrkräften noch stärker und systematischer in Fortbildungsprogrammen zu entwickeln. Dazu zählt beispielsweise, Lernvoraussetzungen und Lernprozesse bei Schülerinnen und Schülern diagnostizieren zu können (vgl. Kompetenz 7 in KMK 2004).

Darüber hinaus können auch Kompetenzstrukturmodelle, wie es sie beispielsweise für die naturwissenschaftlichen Fächer, die Mathematik oder aber die Sprachen bereits gibt, noch stärker für den Unterricht nutzbar gemacht werden (vgl. Pant 2013 in diesem Heft). Dies kann geschehen, indem Lehrkräfte ihren Unterricht an den vorliegenden Kompetenzmodellen ausrichten (vgl. Eggert et al. 2010; vgl. auch Tesch et al. 2008). Dabei können Unterrichts- und Schulentwicklungsprojekte, die Forschung und Praxis verbinden, ein Instrument für eine erfolgreiche Integration von Kompetenzmodellen in den Unterricht darstellen. Beispiele hierfür sind „Biologie im Kontext" (Bayrhuber et al. 2007) sowie der Hamburger Schulversuch „alles>>könner" in Kombination mit dem Forschungsprogramm „komdif" (Harms und Möller 2012). Des Weiteren können Diagnoseaufgaben von Lehrkräften eingesetzt und nach Schulung auch von ihnen ausgewertet werden (vgl. „Science Education for Public Understanding Project"; Wilson und Sloane 2000). Eine IRT-Modellierung kann auf Basis der Lehrerauswertungen durch Forschungsinstitute vorgenommen werden. Denkbar ist hier auch eine Verbindung von Auswertung und IRT-Modellierung durch technologiebasierte Assessment- und Feedbacksysteme (vgl. Jurecka 2008; Koeppen et al. 2008; zu Vor- und Nachteilen von computerbasierten Verfahren siehe Frey und Hartig 2013 in diesem Heft).

Ein weiteres zentrales Element zur Vernetzung von Kompetenzdiagnostik und Unterricht ist der verstärkte Einsatz formativen Assessments als Ergänzung zum summativen Assessment. Formatives Assessment auf Individualebene gibt Aufschluss über Lernprozesse sowie Stärken und Schwächen und kann darauf aufbauend Potenziale für individuelle Förderungsmöglichkeiten aufzeigen (vgl. u. a. Koeppen et al. 2008; Harks et al. im Druck). Neuere Studien konnten zeigen, dass prozess-orientiertes Feedback als nützlicher und als kompetenzunterstützender wahrgenommen wird als sozial-vergleichendes Feedback (vgl. Rakoczy et al. 2011). Darüber hinaus zeigt eine Laborstudie unter Nutzung von Kompetenzstufenmodellen, dass „kompetenzbezogene Rückmeldung, vermittelt über ihre wahrgenommene Nützlichkeit einen positiveren Effekt auf Motivation und Leistungsänderung [hat] als Rückmeldung in Form von Noten" (Harks et al. im Druck, S. 21). Formatives Assessment zeichnet sich durch in den Prozess einfließende Rückmeldungen aus. Es kann dazu beitragen, auf Systemebene definierte Standards in den Unterricht zu transportieren (vgl. Maier 2008). Existierende Feedbackmodelle können dabei als Grundlage zur Konzeption von Feedback sowohl für Lehrkräfte als auch für Schüler/-innen genutzt werden (vgl. Hattie und Timperley 2007; Rakoczy et al. 2008).

Abschließend lässt sich erstens festhalten, dass Kompetenzdiagnostik aus mehreren Komponenten bestehen sollte, die sich ergänzen und Synergien aufweisen: So sind Diagnose von Schülerkompetenzen in täglichen Lehr-Lernarrangements und Diagnostik im Rahmen von summativen Assessments komplementär zueinander. Wichtig bei Kompetenzdiagnostik – insbesondere mit Blick auf die Optimierung von Lehr-Lernprozessen – ist, dass die verwendeten Diagnoseinstrumente von den Beteiligten verstanden werden (vgl. Wilson 2008 sowie Bonsen et al. 2006). Idealerweise basieren zweitens formative und summative Assessments in einem bestimmten Kompetenzbereich auf denselben theoretischen Annahmen, d. h. auf den gleichen Kompetenzmodellen. Diese Kompetenzmodelle sagen idealiter auch etwas über die Entwicklung von Kompetenzen aus (vgl. Robitzsch 2013 in diesem Heft). Festzuhalten ist drittens, dass Kompetenzdiagnostik eine wichtige Rolle für Lehr-Lernprozesse spielen kann. Desiderata sind derzeit – neben Forschungen zur Entwicklung von Schülerkompetenzen und zur Entwicklung diagnostischer Kompetenzen von Lehrkräften – Forschungen, um herauszufinden, wie das Potenzial von formativen und summativen Assessments für dessen Nutzung durch Lehrkräfte zur Weiterentwicklung von Unterricht möglichst optimal ausgeschöpft werden kann.

**Danksagung:** Diese Veröffentlichung wurde ermöglicht durch Sachbeihilfen der Deutschen Forschungsgemeinschaft (Kennz.: BO 1730/3-2) im Schwerpunktprogramm „Kompetenzmodelle zur Erfassung individueller Lernergebnisse und zur Bilanzierung von Bildungsprozessen" (SPP 1293).

**Literatur**

Bayrhuber, H., Bögeholz, S., Elster, D., Hammann, M., Hößle, C., Lücken, M., Mayer, J., Nerdel, C., Neuhaus, B., Prechtl, H., & Sandmann, A. (2007). Biologie im Kontext – Ein Programm zur Kompetenzförderung durch Kontextorientierung im Biologieunterricht und zur Unterstützung von Lehrerprofessionalisierung. *Der mathematische und naturwissenschaftliche Unterricht, 60,* 282–286.

Bonsen, M., Büchter, A., & Peek, R. (2006). Datengestützte Schul- und Unterrichtsentwicklung: Bewertungen der Lernstandserhebungen in NRW durch Lehrerinnen und Lehrer. *Jahrbuch der Schulentwicklung, 14,* 125–148.

Deutsches PISA-Konsortium. (2001). *PISA 2000: Basiskompetenzen von Schülerinnen und Schülern im internationalen Vergleich.* Opladen: Leske + Budrich.

Eggert, S., Bögeholz, S., Watermann, R., & Hasselhorn, M. (2010). Förderung von Bewertungskompetenz im Biologieunterricht durch zusätzliche metakognitive Strukturierungshilfen beim Kooperativen Lernen – Ein Beispiel für Veränderungsmessung. *Zeitschrift für die Didaktik der Naturwissenschaften, 16,* 299–314.

EMSE-Netzwerk [empiriegestützte Schulentwicklung EMSE]. (2008). *Nutzung und Nutzen von Schulrückmeldungen im Rahmen standardisierter Lernstandserhebungen/Vergleichsarbeiten. Zweites Positionspapier des EMSE-Netzwerkes – verabschiedet auf der 9. EMSE-Fachtagung am 16.–17. Dezember 2008 in Nürnberg.* http://www.emse†netzwerk.de/uploads/Main/EMSE_Positionsp2_Rueckmeldungen.pdf. Zugegriffen: 28.Okt. 2012.

Frey, A., & Hartig, J. (2013). Wann sollten computerbasierte Verfahren zur Messung von Kompetenzen anstelle von papier- und bleistift-basierten Verfahren eingesetzt werden? In D. Leutner, E. Klieme, J. Fleischer & H. Kuper (Hrsg.), *Kompetenzmodelle zur Erfassung individueller Lernergebnisse und zur Bilanzierung von Bildungsprozessen: aktuelle Diskurse im DFG-Schwerpunktprogramm* (18. Sonderheft der Zeitschrift für Erziehungswissenschaft, DOI: 10.1007/s11618-013-0385-1.) Wiesbaden: VS Verlag für Sozialwissenschaften.

Harks, B., Rakoczy, K., Klieme, E., Hattie, J., & Besser, M. (im Druck). Indirekte und moderierte Effekte von Rückmeldung auf Leistung und Motivation. In H. Ditton & A. Müller (Hrsg.), *Rückmeldungen: Theoretische Grundlagen, empirische Befunde, praktische Anwendungsfelder.* München: Waxmann.

Harms, U., & Möller, J. (2012). Forschung im Rahmen eines Schulversuchs: Exemplarische Arbeiten aus dem Forschungsprogramm komdif. *Unterrichtswissenschaft, 40,* 195–196.

Hartig, J., & Frey, A. (2013). Sind Modelle der Item-Response-Theorie (IRT) das „Mittel der Wahl" für die Modellierung von Kompetenzen? In D. Leutner, E. Klieme, J. Fleischer & H. Kuper (Hrsg.), *Kompetenzmodelle zur Erfassung individueller Lernergebnisse und zur Bilanzierung von Bildungsprozessen: aktuelle Diskurse im DFG-Schwerpunktprogramm* (18. Sonderheft der Zeitschrift für Erziehungswissenschaft, DOI: 10.1007/s11618-013-0386-0.) Wiesbaden: VS Verlag für Sozialwissenschaften.

Hattie, J., & Timperley, H. (2007). The power of feedback. *Review of Educational Research, 77,* 81–112.

Jurecka, A. (2008). Introduction to the computer-based assessment of competencies. In J. Hartig, E. Klieme & D. Leutner (Hrsg.), *Assessment of competencies in educational contexts* (S. 193–213). Göttingen: Hogrefe.

Kauertz, A., Fischer, H. E., Mayer, J., Sumfleth, E., & Walpuski, M. (2010). Standardbezogene Kompetenzmodellierung in den Naturwissenschaften der Sekundarstufe I. *Zeitschrift für Didaktik der Naturwissenschaften, 16,* 135–153.

KMK (2004) = Sekretariat der Ständigen Konferenz der Kultusminister der Länder in der Bundesrepublik Deutschland. (2004). *Standards für die Lehrerbildung: Bildungswissenschaften. Beschluss der Kultusministerkonferenz vom 16.12.2004.* http://www.kmk.org/fileadmin/veroeffentlichungen_beschluesse/2004/2004_12_16-Standards-Lehrerbildung.pdf. Zugegriffen: 28.Okt. 2012.

KMK (2010) = Sekretariat der Ständigen Konferenz der Kultusminister der Länder in der Bundesrepublik Deutschland. (2010). *Konzeption der Kultusministerkonferenz zur Nutzung der Bildungsstandards für die Unterrichtsentwicklung.* Köln: Wolters-Kluwer.

Koeppen, K., Hartig, J., Klieme, E., & Leutner, D. (2008). Current issues in competence modelling and assessment. *Zeitschrift für Psychologie/Journal of Psychology, 216,* 61–73.

Leutner, D., Fleischer, J., Spoden, C., & Wirth, J. (2007). Landesweite Lernstandserhebungen zwischen Bildungsmonitoring und Individualdiagnostik. In M. Prenzel, I. Gogdin & H. - H. Krüger (Hrsg.), Kompetenzdiagnostik (8. Sonderheft der Zeitschrift für Erziehungswissenschaft, S. 149–167.) Wiesbaden: VS Verlag für Sozialwissenschaften.

Leutner, D., Hartig, J., & Jude, N. (2008). Measuring competencies: Introduction to concepts and questions of assessment in education. In J. Hartig, E. Klieme & D. Leutner (Hrsg.), *Assessment of competencies in educational contexts* (S. 177–192). Göttingen: Hogrefe.

Maier, U. (2008). Vergleichsarbeiten im Vergleich – Akzeptanz und wahrgenommener Nutzen standardbasierter Leistungsmessungen in Baden-Württemberg und Thüringen. *Zeitschrift für Erziehungswissenschaft, 8*(3), 453–474.

McElvany, N., & Rjosk, C. (2013). Wann kann Kompetenzdiagnostik negative Auswirkungen haben? In D. Leutner, E. Klieme, J. Fleischer & H. Kuper (Hrsg.), *Kompetenzmodelle zur Erfassung individueller Lernergebnisse und zur Bilanzierung von Bildungsprozessen: aktuelle Diskurse im DFG-Schwerpunktprogramm* (18. Sonderheft der Zeitschrift für Erziehungswissenschaft, DOI: 10.1007/s11618-013-0388-y). Wiesbaden: VS Verlag für Sozialwissenschaften.

Pant, H. A. (2013). Wer hat einen Nutzen von Kompetenzmodellen? In D. Leutner, E. Klieme, J. Fleischer & H. Kuper (Hrsg.), *Kompetenzmodelle zur Erfassung individueller Lernergebnisse und zur Bilanzierung von Bildungsprozessen: aktuelle Diskurse im DFG-Schwerpunktprogramm* (18. Sonderheft der Zeitschrift für Erziehungswissenschaft, DOI: 10.1007/s11618-013-0387-z). Wiesbaden: VS Verlag für Sozialwissenschaften.

Rakoczy, K., Klieme, E., Bürgermeister, A., & Harks, B. (2008). The interplay between student evaluation and instruction. *Zeitschrift für Psychologie/Journal of Psychology, 216,* 111–124.

Rakoczy, K., Harks, B., Bürgermeister, A., & Klieme, E. (2011, August-September). *The impact of process-oriented feedback on learning in mathematics – mediated by students' individual perception and moderated by goal orientation?* Paper presented at the 14th Biennial Conference of the European Association of Research on Learning and Instruction (Earli), Exeter, UK.

Robitzsch, A. (2013). Wie robust sind Struktur- und Niveaumodelle? Wie zeitlich stabil und über Situationen hinweg konstant sind Kompetenzen? *Zeitschrift für Erziehungswissenschaft.* In D. Leutner, E. Klieme, J. Fleischer & H. Kuper (Hrsg.), *Kompetenzmodelle zur Erfassung individueller Lernergebnisse und zur Bilanzierung von Bildungsprozessen: aktuelle Diskurse im DFG-Schwerpunktprogramm* (18. Sonderheft der Zeitschrift für Erziehungswissenschaft, DOI: 10.1007/s11618-013-0383-3). Wiesbaden: VS Verlag für Sozialwissenschaften.

Tesch, B., Leupold, E., & Köller, O. (2008). *Bildungsstandards Französisch: konkret/ Sekundarstufe I: Grundlagen, Aufgabenbeispiele und Unterrichtsanregungen.* Berlin: IQB/Cornelsen Scriptor.

Walpuski, M., Kampa, N., Kauertz, A., & Wellnitz, N. (2008). Evaluation der Bildungsstandards in den Naturwissenschaften. *Der mathematische und naturwissenschaftliche Unterricht, 61,* 323–326.

Wilson, M. (2008). Cognitive diagnosis using item response models. *Zeitschrift für Psychologie/Journal of Psychology, 216,* 74–88.

Wilson, M., & Sloane, K. (2000). From principles to practice. An embedded assessment system. *Applied Measurement in Education, 13,* 181–208.

# Wann kann Kompetenzdiagnostik negative Auswirkungen haben?

Nele McElvany · Camilla Rjosk

**Zusammenfassung:** Der vorliegende Beitrag setzt sich mit möglichen negativen Auswirkungen systematischer externer Kompetenzdiagnostik auf verschiedenen Ebenen des Bildungssystems auseinander. Behandelt werden Quellen fehlerhafter Interpretationen von Rückmeldungen aus Kompetenzdiagnostik-Maßnahmen, mögliche Folgen der Rückmeldungen und Maßnahmen für verschiedene Akteure/-innen im Bildungssystem (Lehrkräfte, Lernende und Bildungsadministration) sowie mögliche negative Auswirkungen systematischer Kompetenzdiagnostik für die Lehr- und Lernkultur. Der Beitrag schließt mit Überlegungen zu Ansatzpunkten zur Vermeidung beziehungsweise Verringerung der diskutierten negativen Auswirkungen.

**Schlüsselwörter:** Kompetenzdiagnostik · Negative Folgen · Rückmeldungen · Teaching to the test

### When may competence assessment have negative effects?

**Abstract:** This paper addresses potential negative effects of systematic external competence assessment on different levels of the education system. We discuss possible sources of misinterpretations of competence assessment feedback, potential consequences of feedback and assessment for different education stakeholders (teachers, students, and educational administration) as well as negative effects of systematic competence assessment on the culture of teaching and learning. The paper concludes with some reflections on possibilities to prevent or reduce the discussed negative effects.

**Keywords:** Competence assessment · Feedback · Negative effects · Teaching to the test

---

© Springer Fachmedien Wiesbaden 2013

Prof. Dr. N. McElvany (✉)
Institut für Schulentwicklungsforschung (IFS), TU Dortmund,
Vogelpothsweg 78, 44227 Dortmund, Deutschland
E-Mail: mcelvany@ifs.tu-dortmund.de

Dipl.-Psy. C. Rjosk (✉)
Institut zur Qualitätsentwicklung im Bildungswesen, Humboldt-Universität zu Berlin,
Unter den Linden 6, 10099 Berlin, Deutschland
E-Mail: camilla.rjosk@iqb.hu-berlin.de

Insbesondere im Zuge der ersten PISA 2000-Befunde, die auf suboptimale Leistungsergebnisse von Schülerinnen und Schülern im deutschen Bildungssystem verwiesen (vgl. Deutsches PISA-Konsortium 2001), gewann im Bildungssektor das Bildungsmonitoring verstärkte Bedeutung. Die damit verbundene Output-Orientierung manifestiert sich unter anderem durch eine umfangreiche, an neu definierten Bildungsstandards orientierte systematische Kompetenzdiagnostik (auf Systemebene „Monitoring"), in deren Kontext gleichzeitig auch effektive Maßnahmen zur Verbesserung des deutschen Bildungswesens ermittelt werden sollen (vgl. z. B. Klieme et al. 2003). Mit der verstärkten und neu orientierten Kompetenzmessung bei Lernenden sind viele positiv bewertete Ziele verbunden (Systemmonitoring, Steuerungswissen, Unterrichtsentwicklung, Diagnostik, Evaluation; vgl. Berkemeyer und Bos 2009). Weniger bedacht und diskutiert wird bisher jedoch, dass es auch eine Reihe von Bedingungen gibt, unter denen eine solche extern gesteuerte Kompetenzdiagnostik negative Auswirkungen haben kann. Die Auswirkungen können sich dabei auf alle beteiligten Akteure des Bildungssystems beziehen: Lehrende, Lernende, Schulen und Bildungsadministration. Im Folgenden werden drei ausgewählte Themenfelder im Kontext von systematischer externer Kompetenzdiagnostik näher beleuchtet: 1) die Interpretation von Rückmeldungen aus Kompetenzdiagnostik-Maßnahmen, 2) die sich daran anschließenden Folgen beziehungsweise der Umgang mit Rückmeldungen auf den Ebenen der Lehrkräfte, Schüler/-innen und der Bildungsadministration und 3) die grundsätzlicheren Folgen für die Lehr- und Lernkultur.

## 1 Interpretation von Rückmeldungen aus Kompetenzdiagnostik-Maßnahmen

In Bezug auf die Rückmeldungen aus schulübergreifenden Maßnahmen der Kompetenzdiagnostik (vgl. Watermann et al. 2003) können sich fehlerhafte Interpretationen im öffentlichen Diskurs oder bei Schulen, Lehrenden und Lernenden ergeben. Derartige Interpretationen mit anzunehmenden unerwünschten Folgen entstehen beispielsweise durch die Überinterpretation von Rangunterschieden von Schulen oder Klassen gegenüber den tatsächlich gegebenen metrischen Abständen. Fehlerhafte Interpretationen können auch von Seiten der Durchführenden der Kompetenzdiagnostik-Maßnahmen und den zugehörigen Rückmeldungen für Schulen, Klassen oder Lehrkräfte verursacht oder begünstigt werden, wenn im Rahmen der Rückmeldungen die vorhandenen Ergebnisse überinterpretiert werden. Dies ist beispielsweise der Fall, wenn verzerrende Darstellungsformen gewählt werden, Signifikanzen ohne Effektstärken berichtet werden oder die Auswahl rückgemeldeter Daten einseitig ist.

Grundsätzliche Probleme bezüglich der Interpretation der Kompetenzdiagnostik-Ergebnisse können somit vor allem in einer mangelnden „Assessment Literacy" (vgl. z. B. Stiggins 1991) und dem Experten-Laien-Problem (vgl. z. B. Bromme et al. 2004) in der Kommunikation von Testergebnissen als Quelle negativer Auswirkungen von Kompetenzdiagnostik gesehen werden.

Eine weitere Quelle von Fehlinterpretationen bezieht sich auf die Ebene von Leistungsergebnissen, über die durch die Kompetenzdiagnostik Aussagen möglich sind, beziehungsweise das diagnostische Ziel. Eine besondere Problematik liegt darin, Kompetenzdiagnostik im Rahmen von System- oder Schulmonitoring-Tests wie beispielsweise PISA oder IGLU fälschlicherweise für Individualdiagnostik nutzen zu wollen – ein diagnostisches Ziel, für welches diese Art von Tests weder intendiert noch konzipiert wurde (vgl. Bos und Voss 2008). Ebenso sind die Large-Scale-Untersuchungen im Rahmen internationaler Vergleichsstudien (z. B. PISA, TIMSS, IGLU/PIRLS) wie auch die flächendeckenden VERA- oder die bildungsstandardüberprüfenden Erhebungen darauf ausgerichtet, im Sinne von Assessment und Accountability Rückmeldungen zum Leistungsstand und zur Erreichung bestimmter Standards zu geben, können aber nicht systematische Untersuchungen zur Unterrichtsentwicklung ersetzen.

## 2 Folgen der Kompetenzdiagnostik und der Rückmeldungen auf den Ebenen von Lehrenden, Lernenden und Bildungsadministration

Negative Auswirkungen von externer systematischer Kompetenzdiagnostik können sich in dem Umgang mit den Befunden zeigen, der sich an die Interpretation von Rückmeldungen anschließt. Dies kann die affektive, kognitive und Verhaltensebene der Akteurinnen und Akteure des Bildungssystems betreffen.

Auf Seiten von Lehrkräften können beispielsweise Frustrationen entstehen, wenn trotz Engagements im schulischen Alltag im Rahmen der offiziellen Kompetenzdiagnostik keine oder kaum Kompetenzverbesserung auf Schülerseite feststellbar ist und diese Situation im Folgenden nicht weiter von außen konstruktiv begleitet wird. Außerdem können schul- oder allgemein-öffentliche Rankings aufgrund von Ergebnissen im Rahmen der Lernstanderhebungen Ängste bei Lehrerinnen und Lehrern hervorrufen, den an sie gesetzten Ansprüchen nicht gerecht zu werden. Dies kann unerwünschte Reaktionen der Lehrkräfte induzieren, wie einen einseitigen Fokus des Unterrichts auf die Testinhalte oder Manipulationen bei der Testvorbereitung, -durchführung oder -auswertung (zur Bewertung von Rückmeldungen durch Lehrkräfte vgl. z. B. Bonsen et al. 2006).

Allgemein ist anzunehmen, dass eine teilweise durchaus gegebene, übermäßige Testbelastung der Schulen infolge mangelnder Koordination unterschiedlicher Testprogramme zu einer Testmüdigkeit führen kann, die einem produktiven Umgang mit Maßnahmen der Kompetenzdiagnostik entgegensteht. Vielfache Testungen, aber insbesondere auch die subjektive und/oder teilweise kollegiums- oder schulintern geteilte Wahrnehmung mangelnder Nützlichkeit der Kompetenzdiagnostik für die schulische Alltagspraxis kann zu einer generellen Infragestellung dieser Maßnahmen und in der Folge zu einem suboptimalen Umgang mit ihnen führen.

Auf Ebene der Schüler/-innen kann zunächst festgehalten werden, dass die reine Rückmeldung eines Punktwertes zum individuellen Abschneiden nicht den Kriterien entspricht, die im Rahmen der Feedback-Forschung als dienlich identifiziert wurden (vgl. Kluger und DeNisi 1996). So könnte es vor allem dann unerwünschte Reaktionen geben, wenn Lernende negative Ergebnisrückmeldungen im Rahmen der Kompetenzdiagnostik nur als Scheitern und Bestätigung eigener Unfähigkeit wahrnehmen und so zukünftige Lern- und Testsituationen nachteilig beeinflusst werden. Eine derartige Wahrnehmung stellt eine grundsätzliche Problematik in Situationen von Leistungsrückmeldungen dar (zu Kausalattributionen vgl. zusammenfassend Stiensmeier-Pelster und Schwinger 2008). Pädagogische Begleitung bei der lerndienlichen Kausalattribution erreichter Testergebnisse und entsprechende Förderangebote dürften nicht nur, aber gerade für leistungsschwächere Lernende ein wesentlicher Punkt sein, um möglichen negativen Auswirkungen auf die Lernmotivation und Performanz zu begegnen.

Der Umgang mit Ergebnisrückmeldungen auf der Ebene der Bildungsadministration könnte unter anderem insbesondere dann problematisch sein, wenn die vergleichende Kompetenzdiagnostik als Evaluationsinstrument eingesetzt wird, in dessen Folge bei schlechten Schulergebnissen Ressourcen gekürzt werden, ohne sinnvolle Hilfestellungen zur Verbesserung zu gewähren (vgl. Fuhrman und Elmore 2004).

## 3 Folgen für die Lehr- und Lernkultur

Neben den im vorherigen Abschnitt aufgeführten möglichen konkreten Folgen systematischer Kompetenzdiagnostik für die einzelnen Akteurinnen und Akteure im Bildungssystem können auch weitreichende problematische Auswirkungen in der allgemeinen Lehr- und Lernkultur entstehen: Wenn der Fokus von Wissenschaft, Bildungsadministration und pädagogischer Praxis nahezu ausschließlich auf den Kompetenzerwerb im kognitiven Sinne eingeengt wird (u. a. Lesekompetenz, Mathematik, Naturwissenschaften), werden andere bedeutsame Gesichtspunkte der Entwicklung von Kindern und Jugendlichen im schulischen Kontext wie beispielsweise motivationale und psycho-soziale Aspekte vernachlässigt. Bezogen auf die Lehrkultur könnten komplexe pädagogische Ziele der Engführung von pädagogischen Zielsystemen weichen, wenn „gute Schule" bzw. „guter Unterricht" nur anhand von Kompetenzzuwächsen im Rahmen der Kompetenzdiagnostik festgemacht werden. Diese Problematik verweist auf das vor allem im US-amerikanischen Kontext viel diskutierte „Teaching [Learning] to the test" – d. h. die Einschränkung auf diejenigen Lernbereiche, für die kompetenzdiagnostische Instrumente verfügbar sind und eingesetzt werden, während andere Lern- und Kompetenzbereiche nicht mehr adäquat gefördert werden (vgl. z. B. Cheng et al. 2004; Herman 2004). Eine analoge Folge von extern gesteuerter, an aktuellen Bildungsstandards orientierter Kompetenzdiagnostik kann gleichfalls für Ziele der Lernkultur angenommen werden: Die Bedeutung von Performance-Goals, also des Lernens, um einen bestimmten Wert in den vergleichenden Leistungstests zu erreichen, dürfte steigen, während Mastery-Goals, also das Lernen, um die eigene Kompetenz zu erhöhen, an Bedeutung im Lernprozess verlieren könnten. Dieses generelle Phänomen im Kontext von (high-stakes) Tests im Bildungssystem wird durch die Aufmerksamkeit und Bedeutung von übergreifender Kompetenzdiagnostik vermutlich verstärkt (zu Performance- und Mastery-Goals vgl. u. a. Pintrich 2000; Rawsthorne und Elliot 1999). Schließlich kann der Druck, evaluativ vergleichende Kompetenzdiagnostik durchzuführen, bei der pädagogischen Arbeit an Schulen zu einem Problem werden, wenn aufgrund vorschneller Kompetenzdiagnostik neuen pädagogischen Programmen nicht ausreichend Zeit gegeben wird, um ihre Entwicklung und Einflüsse zu entfalten. Dies betrifft die generell erwünschten Maßnahmen schulischer Innovation.

Aus den in diesem Beitrag diskutierten möglichen negativen Auswirkungen von Kompetenzdiagnostik können eine Reihe von Ansatzpunkten extrahiert werden, wie diesen Herausforderungen begegnet werden kann: Zur Vermeidung bzw. Verringerung negativer

Auswirkungen von Kompetenzdiagnostik können demnach unter anderem 1) die Verbesserung der Assessment-Literacy aller Beteiligten, 2) eine weiter optimierte Unterstützung von Lehrkräften sowie Schülerinnen und Schülern beim Umgang mit Rückmeldungen, 3) eine umfassende, kritische Diskussion über die Folgen der schulübergreifend vergleichenden Kompetenzdiagnostik für die Lehr- und Lernkultur an den Schulen sowie 4) ein verstärkter Fokus auf die effektive und konstruktive Nutzung der Ergebnisse aus der Kompetenzdiagnostik beitragen. Darauf aufbauend kann insbesondere dahingehend weiterer Forschungsbedarf identifiziert werden, wie der Umgang mit den diagnostischen Ergebnissen auf den verschiedenen Ebenen – Gesamtinformation über die Evaluation, individuelle Rückmeldungen, Schulrückmeldungen oder Rückmeldungen an die politisch systemische Ebene – mit ihren verschiedenen Interessen und Herausforderungen am besten zu gestalten ist.

**Danksagung:** Diese Veröffentlichung wurde ermöglicht durch Sachbeihilfen der Deutschen Forschungsgemeinschaft (Kennz.: BA 1461/7-1, BA 146/8-1, MC 67/7-2) im Schwerpunktprogramm „Kompetenzmodelle zur Erfassung individueller Lernergebnisse und zur Bilanzierung von Bildungsprozessen" (SPP 1293).

**Literatur**

Berkemeyer, N., & Bos, W. (2009). Professionalisierung im Spannungsfeld von interner und externer Evaluation. In O. Zlatkin-Troitschanskaia, K. Beck, D. Sembill, R. Nickolaus & R. Mulder (Hrsg.), *Lehrprofessionalität – Bedingungen, Genese, Wirkungen und ihre Messung* (S. 529–542). Weinheim: Beltz.

Bonsen, M., Büchter, A., & Peek, R. (2006). Datengestützte Schul- und Unterrichtsentwicklung. Bewertungen der Lernstandserhebungen in NRW durch Lehrerinnen und Lehrer. *Jahrbuch der Schulentwicklung, 14,* 125–148.

Bos, W., & Voss, A. (2008). Empirische Schulentwicklung auf Grundlage von Lernstandserhebung. Ein Plädoyer für einen reflektierten Umgang mit Ergebnissen aus Leistungstests. *Die Deutsche Schule, 100,* 449–458.

Bromme, R., Jucks, R., & Rambow, R. (2004). Experten-Laien-Kommunikation im Wissensmanagement. In G. Reinmann & H. Mandl (Hrsg.), *Psychologie des Wissensmanagements. Perspektiven, Theorien und Methoden* (S. 176–188). Göttingen: Hogrefe.

Cheng, L., Watanabe, Y., & Curtis, A. (2004). *Washback in language testing. Research contexts and methods.* Mahwah: Erlbaum.

Deutsches PISA-Konsortium. (2001). *PISA 2000: Basiskompetenzen von Schülerinnen und Schülern im internationalen Vergleich.* Opladen: Leske + Budrich.

Fuhrman, S. H., & Elmore, R. F. (2004). *Redesigning accountability systems for education.* New York: Teachers College Press.

Herman, J. L. (2004). The effects of testing on instruction. In S. H. Fuhrman & R. F. Elmore (Hrsg.), *Redesigning accountability systems for education* (S. 141–166). New York: Teachers College Press.

Klieme, E., Avenarius, H., Blum, W., Döbrich, P., Gruber, H., Prenzel, M., Reiss, K., Riquarts, K., Rost, J., Tenorth, H.-E., & Vollmer, H. J. (2003). *Zur Entwicklung nationaler Bildungsstandards: Eine Expertise.* Berlin: BMBF.

Kluger, A. N., & DeNisi, A. (1996). The Effects of feedback interventions on performance: A historical review, a meta-analysis, and a preliminary feedback intervention theory. *Psychological Bulletin, 119,* 254–284.
Pintrich, P. (2000). Multiple goals, multiple pathways: The role of goal orientation in learning and achievement. *Journal of Educational Psychology, 92,* 544–555.
Rawsthorne, L., & Elliot, A. J. (1999). Achievement goals and intrinsic motivation: A meta-analytic review. *Personality and Social Psychology Review, 3,* 326–344.
Stiensmeier-Pelster, J., & Schwinger, M. (2008). Kausalattribution. In W. Schneider & M. Hasselhorn (Hrsg.), *Handbuch der Pädagogischen Psychologie* (S. 74–83). Göttingen: Hogrefe.
Stiggins, R. J. (1991). Assessment literacy. *Phi Delta Kappan, 72,* 534–539.
Watermann, R., Stanat, P., Kunter, M., Klieme, E., & Baumert, J. (2003). Schulrückmeldungen im Rahmen von Schulleistungsuntersuchungen: Das Disseminationskonzept von PISA-2000. *Zeitschrift für Pädagogik, 49,* 92–111.

# Wer hat einen Nutzen von Kompetenzmodellen?

Hans Anand Pant

**Zusammenfassung:** Die in Deutschland 2003/2004 verbindlich eingeführten Bildungsstandards stellen inhaltliche und normative Kompetenzerwartungen dar. In ihn wird anhand konkreter Könnensbeschreibungen für schulische Kernfächer formuliert, welche Kompetenzen Schüler/-innen zu bestimmten Zeitpunkten ihrer Bildungslaufbahn aufweisen sollen. Um das Erreichen dieser normativen Vorgaben überprüfen zu können, wurde von der Konferenz der Kultusminister der Länder (KMK) eine Strategie zum Bildungsmonitoring aufgesetzt, die neben einem testbasierten Schulleistungsvergleich auf Länderebene auch jährliche standardbasierte Lernstandserhebungen für alle dritten und achten Klassen in Deutschland vorsieht. Die Tests basieren auf fachdidaktisch entwickelten und psychometrisch validierten Kompetenzmodellen. Es wird anhand von Beispielen aufgezeigt, welche unterschiedlichen Potenziale die Ergebnisrückmeldungen aus solchen Kompetenztestungen auf der jeweiligen Aggregatebene (Bundesland, Schule, Lehrkraft, Schüler) haben. Es wird argumentiert, dass das Potenzial kompetenzbasierter Rückmeldungen am ehesten ausgeschöpft wird, wenn diese adressatengerecht kommuniziert und mit kohärenten Unterstützungsangeboten verknüpft werden.

**Schlüsselwörter:** Bildungsstandards · Systemmonitoring · Kompetenzniveaumodelle · Testrückmeldungen

## Who benefits from competence models?

**Abstract:** National educational standards (NES) were released in Germany 2003/2004 as obligatory performance standards substantively and normatively defining an acceptable degree of proficiency. The NES describe tangible competencies in the form of can-do statements for core subjects to be acquired by students at the end of defined stages of schooling. To evaluate standards-based performances the Standing Conference of the Ministers of Education and Cultural Affairs of the Federal States in Germany (KMK) implemented a test-based monitoring system that comprised a centralized evaluation in a nationwide study sample comparing the German federal states (Ländervergleich), as well as state-wide testing schemes at the end of grade 3 and grade 8 linked to the NES. All test items were designed by didactic experts on the basis of domain specific competence models that were psychometrically evaluated. The potential practical benefit from competence testing is discussed for the various system levels of feedback (state, school, teacher, and student). It is argued that, in order to tap the full potential of standards-based per-

---

© Springer Fachmedien Wiesbaden 2013

Prof. Dr. H. A. Pant (✉)
Institut zur Qualitätsentwicklung im Bildungswesen (IQB), Humboldt-Universität zu Berlin,
Unter den Linden 6, 10099 Berlin, Deutschland
E-Mail: iqboffice@iqb.hu-berlin.de

formance feedback, it must be appropriately communicated to the target system level and should be accompanied by suitable measures of action support.

**Keywords:** Educational standards · Performance feedback · Proficiency level models · System monitoring

Die Entwicklung, Überprüfung und Anwendung von Kompetenzmodellen und entsprechenden Messinstrumenten erfordern umfangreiche Ressourcen sowohl auf wissenschaftlicher als auch auf schulischer Seite. Der diesem Ressourcenbedarf gegenüberstehende wahrgenommene oder tatsächliche Nutzen hängt jedoch wesentlich vom jeweiligen Akteur bzw. von der jeweiligen Akteurin innerhalb des Bildungssystems und dessen Interessen beziehungsweise Handlungsnotwendigkeiten ab.

Zurzeit werden standardisierte und zyklisch stattfindende Kompetenzmessungen im deutschen Bildungssystem durchgeführt im Rahmen

- flächendeckender einzelschulbezogener Lernstandserhebungen (Vergleichsarbeiten in den Jahrgangsstufen 3, 6 und 8, im Folgenden VERA-3, VERA-6 bzw. VERA-8),
- der Überprüfungen des Erreichens der länderübergreifenden Bildungsstandards der Kultusministerkonferenz (kurz: Ländervergleich) sowie im Rahmen
- internationaler Schulleistungsstudien (PISA, IGLU/PIRLS, TIMSS) auf Staatenebene.

Die Implementation dieses Systems schulextern vorgegebener Kompetenzfeststellungen beruht auf einer Gesamtstrategie der Kultusministerkonferenz (KMK) zum Bildungsmonitoring (KMK 2006). Die Sicherung und Entwicklung von Bildungsqualität sollte demnach durch eine Konzentration auf die Bildungserträge der Schüler/-innen, der Schulen und des schulischen Bildungssystems insgesamt erzielt werden und nicht mehr nur über die Modifikation von Lehrplänen, die Verbesserung der Lehrkräfteausbildung oder die Entwicklung und Erprobung neuer didaktischer Modelle. Das Kernstück dieser Strategie sind die in den Jahren 2003 und 2004 von der KMK verabschiedeten länderübergreifenden Bildungsstandards, die für alle Schulen als verbindlich festgelegt wurden.

Bildungsstandards stellen eine Spezifizierung allgemeiner Bildungsziele dar und können als normative Kompetenzerwartungen an Schüler/-innen verstanden werden. Sie definieren, welche – auf Wissen und Kenntnissen fußenden – Fähigkeiten und Fertigkeiten zu verschiedenen Zeitpunkten der Schullaufbahn von den Lernenden entwickelt worden sein sollen. Der Kompetenzbegriff, so wie er in den Bildungsstandards und den aktuellen Schulleistungsuntersuchungen Verwendung findet, bezieht sich dabei auf ein relativ pragmatisches Verständnis: Kompetenzen werden als Fähigkeiten konzeptualisiert, die sich in konkreten Anforderungssituationen relativ „oberflächennah" als ein Können manifestieren. In den KMK-Bildungsstandards zeigt sich dies in der durchgängigen Formulierung der Kompetenzerwartungen als Könnensbeschreibungen (Can-do-Statements), zum Beispiel: „Schülerinnen und Schüler können die Aussagen einfacher literarischer Texte verstehen", und „in klar geschriebenen argumentativen Texten zu vertrauten Themen die wesentlichen Schlussfolgerungen erkennen, z.B. in Zeitungsartikeln" (KMK 2004, S.12). Die Kompetenzmodelle der KMK-Bildungsstandards, die auch den flächendeckenden Lernstandserhebungen zugrunde liegen, weisen einerseits domänenspezifische

Kompetenzstrukturmodelle und andererseits Domänen übergreifende Kompetenzniveaumodelle mit derzeit fünf Stufen je fachbezogenem Standard auf. Die Kategorisierung von gemessenen Leistungsergebnissen als Niveaustufen wird normativ mit einem Standard etikettiert („unter Mindeststandard", „Mindeststandard", „Regelstandard", „Regelstandard plus", „Optimalstandard"; vgl. Pant et al. 2012).

Die Frage nach dem Nutzen der Kompetenzmodelle ist demnach eng verbunden mit der Frage, in welchem Umfang Kompetenzmodelle Funktionen im Rahmen des Bildungsmonitorings beziehungsweise des schulaufsichtlichen Rechenschaftswesens, der Unterrichts- und Schulentwicklung oder der individuellen Leistungsfeststellung und -beurteilung erfüllen sollen (Tab. 1; vgl. Pant et al. 2011). Selbst bei bestehenden Large-Scale-Untersuchungen gibt es wichtige Unterschiede hinsichtlich der jeweiligen Zielfunktion (Wozu sollen die Ergebnisse dienen?), der Aussage- oder Evaluationsebene (Wer wird evaluiert?) und der Bezugsnormorientierung (Woran orientiert sich die Beurteilung der Testergebnisse?).

## 1 Nutzen auf Systemebene

Auf systemischer Ebene besteht der Nutzen von Kompetenzmodellen darin, dass überhaupt ein einheitliches Referenzmodell zur Verfügung steht, auf das sich politische, fachdidaktische und schulpraktische Vertreter/-innen in einem langwierigen und kontroversen Prozess verständigen konnten und auf das sie sich in Folge konsistent beziehen können. Die psychometrische Umsetzung dieser Kompetenzmodelle in Kompetenzskalen mit einer einheitlichen Metrik ermöglicht es, dass Leistungsrückmeldungen an Lehrkräfte, Schulen, Schulverwaltungen und Bildungspolitik auf unterschiedlichsten Aggregatstufen in einer einheitlichen „Währung" (Kompetenzpunkte bzw. Kompetenzstufen) erfolgen kann. Durch Linking-Studien wird die Metrik der nationalen Studien mit denjenigen der internationalen Schulleistungsstudien abgestimmt. Die inhaltliche und psychometrische Anbindung von VERA-3 und VERA-8 an das nationale und internationale Systemmonitoring wird dadurch gewährleistet, dass die Aufgabenentwicklung und Pilotierung für alle Studien „aus einer Hand" erfolgt (vgl. Pant et al. 2011).

Die primäre Zielfunktion von Kompetenzmodellierung und Kompetenztestung aus systemischer Perspektive ist es, politisches oder bildungsadministratives Steuerungswissen zu generieren. Zwei Beispiele: Wößmann (2005, 2006) demonstriert das Nutzenpotenzial international vergleichender Kompetenzstudien (hier: TIMSS), indem er Effekte institutioneller Merkmale von Bildungssystemen, die innerhalb eines Bildungssystems nicht variieren, auf die Mathematikkompetenzen von Schülerinnen und Schülern untersucht. Er kommt auf Staatenebene unter anderem zu folgenden steuerungsrelevanten Aussagen: Schüler/-innen schneiden in Kompetenztests besser ab

- in Ländern mit mehr Wettbewerb durch privat geleitete Schulen,
- wenn rechtliche Rahmenbedingungen Schulen mit Autonomie in Prozess- und Personalentscheidungen ausstatten,
- wenn Lehrkräfte sowohl Anreize als auch Möglichkeiten haben, angemessene Lehrmethoden auszuwählen,

**Tab. 1:** Vergleich der aktuell laufenden Large-Scale-Studien im Rahmen der Gesamtstrategie der KMK zum Bildungsmonitoring

| | Vergleichsarbeiten/Lernstandserhebungen (VERA-3/VERA-8) | Nationale Schulleistungsstudien (KMK-Ländervergleiche) | Internationale Schulleistungsstudien (PISA, PIRLS/IGLU, TIMSS) |
|---|---|---|---|
| Design | z. T. verpflichtende Vollerhebung, z. T. freiwillige Teilnahme | Stichprobenerhebung („Zufallsauswahl") | Stichprobenerhebung („Zufallsauswahl") |
| Häufigkeit | Jährlich | Alle 5 (Grundschule) bzw. 6 Jahre (Sekundarstufe und Fach) | Alle 3–5 Jahre |
| Zielfunktion | Unterrichts-/Schulentwicklung; regionales Monitoring | Systemmonitoring | Systemmonitoring |
| Rechenschaftspflicht („high-stakes") für | Schulen, Lehrkräfte, bildungspolitisch Verantwortliche in den Ländern | KMK, bildungspolitisch Verantwortliche in den Ländern | Länderübergreifende Steuerungsakteure (KMK, Bildungspolitik des Bundes) |
| Bezugsnormorientierung | Kriterialnorm (Bildungsstandards)/Sozialnorm/ Entwicklungsnorm | Kriterialnorm (Bildungsstandards)/ Sozialnorm/ Entwicklungsnorm | Sozialnorm/ Entwicklungsnorm |
| Durchführung | Lehrkräfte | Testleiter/-innen | Testleiter/-innen |
| Auswertung | Dezentral durch Lehrkräfte/ Landesinstitute | Zentral | Zentral |
| Ergebnisrückmeldung | | | |
| Zeitpunkt | Zeitnah (Wochen) | Nach ca. 1 Jahr | Nach ca. 1,5 Jahren |
| Adressaten | Getestete, Lehrkräfte, Schulleitung, Eltern, Bildungsverwaltung (Schulaufsicht, Schulinspektion) | Landespolitik, Öffentlichkeit, Scientific Community | Öffentlichkeit, Scientific Community |
| Bezugnahme auf Bildungsstandards | Ja | Ja | Nein |
| Kompetenzstufenmodell | Z. T. Ankoppelung an die Modelle der Bildungsstandards, ggf. adaptiert | A priori, inhaltlichkriterial (Bildungsstandards), formales Standard-Setting-Verfahren | A posteriori, vorrangig anhand formaler Kriterien |

- wenn Schulen durch externe Prüfungen zur Verantwortung gezogen werden, und insbesondere
- wenn externe Prüfungen und Schulautonomie kombiniert werden (vgl. Wößmann 2005, 2006).

Auch im ersten Ländervergleich zu sprachlichen Kompetenzen, der 2009 auf der Basis der Kompetenzmodelle der KMK-Bildungsstandards und des Gemeinsamen Europäischen Referenzrahmens für Sprachen durchgeführt wurde, zeigten sich massive Unterschiede in den Englischkompetenzen (Lese- und Hörverstehen) zwischen den alten und neuen Bundesländern, die in der Größenordnung von 1–1,5 Jahrgangsstufenäquivalenten liegen (vgl. Leucht et al. 2010). Als Konsequenz haben die neuen Länder politische Maßnahmenkataloge und konkrete Interventionen im Bereich der Fort- und Weiterbildung für Englischlehrkräfte konzipiert und mit erheblichen Ressourcen versehen.

## 2 Nutzen auf Schul- und Unterrichtsebene

In dem Ende 2009 verabschiedeten Beschluss der KMK zur Nutzung der Bildungsstandards für die Unterrichtsentwicklung (KMK 2010) wird bekräftigt, dass Leistungsrückmeldungen aus Vergleichsarbeiten als zentraler Bestandteil eines „datengestützten Entwicklungskreislaufs an einer Schule" fungieren sollen (KMK 2010, S. 13).

Die zentralen pädagogischen Potenziale der Vergleichsarbeiten für Lehrkräfte und Schulen liegen, neben der durchgängigen Kompetenzorientierung von Testaufgaben, Ergebnisrückmeldungen und begleitenden didaktischen Kommentierungen, bei

- dem „Blick von außen", d.h. den multiplen Vergleichsmöglichkeiten zum Lernstand der eigenen Klasse,
- dem Ausbau diagnostischer Kompetenzen bei Lehrkräften,
- der Begründung und Planung pädagogischer Interventionen und Fördermaßnahmen,
- der Nutzung der Leistungsrückmeldungen für kooperative Unterrichtsentwicklung im Kollegium.

### 2.1 Multiple Vergleichshorizonte

Landesweite Kompetenztests erlauben neben den sozialnormorientierten Vergleichen auch kriteriale Vergleiche. Die Leistungsrückmeldung kann dank der flächendeckenden Durchführung auf nahezu beliebiger Aggregatebene erfolgen. Dies ermöglicht beispielsweise Lehrkräften, den Lernstand ihrer Klasse mit dem von Parallelklassen, dem Schuldurchschnitt oder anderen regionalen Referenzgruppen zu vergleichen.

Jede Lehrkraft kann eine Standortbestimmung ihrer Klasse im Hinblick auf die vorab definierten Kompetenzziele der Bildungsstandards vornehmen. Je nach Kompetenzmodell können theoretisch fundierte Kompetenzprofile erstellt werden, die zum Beispiel auf Klassenebene eine spezifische Stärken-Schwächen-Analyse zulassen.

### 2.2 Ausbau und Optimierung diagnostischer Kompetenzen bei Lehrkräften

Kompetenztestungen erlauben es Lehrkräften, ihre eigene Diagnosefähigkeit zu prüfen und zu trainieren. Unter diagnostischer Kompetenz im engeren Sinne wird die Urteilsgenauigkeit verstanden, mit der Lehrkräfte Schülerleistungen einschätzen können (vgl. ausführlich Helmke 2009). Wird das Augenmerk nicht auf die Lernenden, sondern auf die Testaufgaben gelegt, dann zeigt sich hohe diagnostische Kompetenz in der korrekten Beurteilung der Schwierigkeit von Aufgaben, gemessen über die vorhergesagte beziehungsweise tatsächliche durchschnittliche Lösungshäufigkeit in der Klasse (vgl. Leucht et al. 2012).

## 2.3 Begründung pädagogischer Interventionen

Für die einzelne Lehrkraft eröffnet sich durch die Kenntnis des Stärken-Schwächen-Profils ihrer Klasse die Möglichkeit, differenzierte, zugeschnittene Fördermaßnahmen zu begründen und zu initiieren. Darüber hinaus können Lehrkräfte die diagnostische Information aus Kompetenztests als ein zusätzliches, jenseits eigener Bewertungsmuster erstelltes Datum in Elterngesprächen nutzen. Um entsprechend geeignete Fördermöglichkeiten zur Verfügung zu stellen, können Kompetenzmodelle in der fachdidaktischen Forschung zur Überprüfung der Effektivität von Interventionen eingesetzt werden.

## 2.4 Nutzung für Schulentwicklungsprozesse

Zu den praxisbezogenen Vorschlägen auf Schulebene zählen die Stärkung von Kommunikation und Kooperation bei der Reflexion von Rückmeldeergebnissen und der Entwicklung angemessener Fördermaßnahmen im Rahmen professioneller Lerngemeinschaften (vgl. Fishman et al. 2003). Als besonders geeignete Ebene gelten jahrgangsbezogene Fachgruppen beziehungsweise jahrgangsübergreifende Fachkonferenzen. Die Diskussion im Kollegenkreis von einer ersten Einschätzung und Analyse über die Codierung und Bewertung der Kompetenztest-Aufgaben bis zu den später bereitgestellten Rückmeldungen bietet zahlreiche Austauschgelegenheiten.

Bewährt haben sich die Analyse der Aufgaben und Fehlermuster aus methodisch-didaktischer Sicht und die Diskussion möglicher Fehlerursachen. Als Folgerungen sind unter anderem denkbar, in Parallelklassen wechselseitig zu hospitieren, Unterrichtsprojekte gemeinsam vorzubereiten, Materialien arbeitsteilig zu erstellen und auszutauschen oder gezielte Fortbildungen zu organisieren.

Die empirischen Befunde zum Rezeptionsverhalten von Lehrkräften (vgl. z. B. Maier 2008) zeigen jedoch, dass insgesamt noch erhebliche Forschungslücken hinsichtlich der Determinanten des Nutzungsverhaltens auf Kollegiumsebene existieren.

## 3 Nutzen für individualdiagnostische Zwecke

Weder die internationalen und nationalen Schulleistungsstudien noch die an allen Schulen durchgeführten Vergleichsarbeiten streben von ihrer Konzeption her individualdiagnostische Aussagen an. Dennoch werden in der Praxis individuelle Lernstandsrückmeldungen aus den Kompetenztestungen sowohl von Lehrkräften als auch von Eltern und den Lernenden selbst erwartet und eingefordert.

Das zentrale Argument gegen eine individualdiagnostische Nutzung wird darin gesehen, dass Schulleistungsstudien auf individueller Ebene keine reliablen diagnostischen Informationen liefern (vgl. Leutner et al. 2007). Diese Ungenauigkeiten in den Messungen individueller Lernstände können bei der Zuordnung einzelner Schüler/-innen zu den jeweiligen Kompetenzstufen zu Fehlklassifikationen führen (vgl. Ercikan und Julian 2002).

Insgesamt müsste ein auf Individualebene regelmäßig in Schulen einsetzbares Instrument Folgendes ermöglichen:

a. Individualdiagnostische Aussagen,
b. formative Evaluation, d. h. reliable und änderungssensitive Erfassung der Kompetenzentwicklung von Schülerinnen und Schülern innerhalb eines Schuljahres,
c. selbst initiierte, einfache Anwendung und
d. weitgehende „Hoheit" über die erzeugten Ergebnisse beziehungsweise Ergebnisrückmeldungen (vgl. u. a. das in den Niederlanden existierende Modell für ein Schülermonitoring-System; Staphorsius und Krom 2008).

Im Bereich der (Fremd-)Sprachen existiert bereits für eine Reihe von Sprachen ein umfangreiches, auf Individualebene nutzbares System. Dieses besteht unter anderem aus

- der klaren Beschreibung der Kompetenzen im Europäischen Referenzrahmen für Sprachen (Council of Europe 2001),
- deren Integration in bildungspolitisch relevante Dokumente (z. B. KMK-Bildungsstandards für die erste Fremdsprache) und für den Lerner bzw. die Lernerin potenziell relevante gesellschaftliche Anforderungsprofile (z. B. Studienzugangsvoraussetzungen),
- Selbst- bzw. Fremdeinschätzungsbögen in unterschiedlichen Detailgraden (z. B. http://europass.cedefop.europa.eu/LanguageSelfAssessmentGrid/en),
- Portfoliovorlagen zur Dokumentation der Kompetenzentwicklung (z. B. http://www.sprachenportfolio.ch),
- Testinstrumenten (z. B. http://diplomas.cervantes.es),
- umfangreichen und abgestimmten Angeboten in Bezug auf Lernmaterialien (auch zum Selbststudium) und Kurse.

Gerade aufgrund der hohen Verfügbarkeit (z. B. Online-Versionen vergangener Prüfungen inkl. Lösungsschlüssel) ist dieses Modell damit nicht nur in Schulen, sondern vor allem auch von den Lernerinnen und Lernern selbst einsetzbar. Durch die mittlerweile hohe gesellschaftliche Anerkennung des Modells und der Testinstrumente wird gleichzeitig auch eine Einschätzungs- und Vergleichsmöglichkeit individueller Lerner/-innen geboten (z. B. im Rahmen von Job- oder Studienbewerbungen).

## 4 Fazit

Kompetenzmodelle weisen vielfältige Nutzungsmöglichkeiten auf. Ihr tatsächlicher Nutzen hängt jedoch von unterschiedlichen Faktoren ab, insbesondere von der ihnen zugewiesenen gesellschaftlichen bzw. bildungspolitischen Rolle und Anerkennung und der Verfügbarkeit und Zugänglichkeit von entsprechenden Testinstrumenten und Lernmaterialien.

Insgesamt lässt sich dabei immer noch eine große Heterogenität in Bezug auf den Entwicklungsstand von Kompetenzmodellen und den sie begleitenden Angeboten zwischen den einzelnen schulischen Fächern beobachten. Gerade im nicht-sprachlichen Bereich kann dabei das weitgehende Fehlen von passgenauen Unterstützungsangeboten die Motivation von Lehrkräften (und Lernenden) untergraben, sich mit Kompetenzmodellen und kompetenzorientierten Rückmeldungen aus Leistungstests auseinanderzusetzen. Gerade in Domänen mit bereits vorhandenen empirisch validierten Kompetenzmodellen sollten zukünftige Strategien den Anwendungsnutzen von Kompetenztestungen dadurch erhöhen, dass sie begleitende Angebote ins Zentrum stellen.

**Danksagung:** Diese Veröffentlichung wurde ermöglicht durch Sachbeihilfen der Deutschen Forschungsgemeinschaft (Kennz.: PA 1532/2) im Schwerpunktprogramm „Kompetenzmodelle zur Erfassung individueller Lernergebnisse und zur Bilanzierung von Bildungsprozessen" (SPP 1293).

## Literatur

Council of Europe. (2001). Common European framework of reference for languages. http://www.coe.int/t/dg4/linguistic/Source/Framework_EN.pdf. Zugegriffen: 28. Okt 2012.

Ercikan, K., & Julian, M. (2002). Classification accuracy of assigning student performance to proficiency levels: Guidelines for assessment design. *Applied Measurement in Education, 15,* 269–294.

Fishman, B. J., Marx, R. W., & Best, S. (2003). Linking teacher and student learning to improve professional development in systemic reform. *Teaching and Teacher Education, 19,* 643–658.

Helmke, A. (2009). *Unterrichtsqualität und Lehrerprofessionalität. Diagnose, Evaluation und Verbesserung des Unterrichts.* Seelze: Klett-Kallmeyer.

KMK (2004) = Sekretariat der Ständigen Konferenz der Kultusminister der Länder in der Bundesrepublik Deutschland. (2004). *Bildungsstandards für die erste Fremdsprache (Englisch/Französisch) für den Mittleren Schulabschluss.* Neuwied: Wolters-Kluwer.

KMK (2006) = Sekretariat der Ständigen Konferenz der Kultusminister der Länder in der Bundesrepublik Deutschland. (2006). *Gesamtstrategie der Kultusministerkonferenz zum Bildungsmonitoring.* Neuwied: Wolters-Kluwer.

KMK (2010) = Sekretariat der Ständigen Konferenz der Kultusminister der Länder in der Bundesrepublik Deutschland. (2010). *Konzeption der Kultusministerkonferenz zur Nutzung der Bildungsstandards für die Unterrichtsentwicklung.* Köln: Wolters-Kluwer.

Leucht, M., Frenzel, J., & Pöhlmann, C. (2010). Der Ländervergleich im Fach Englisch. In O. Köller, M. Knigge & B. Tesch (Hrsg.), *Sprachliche Kompetenzen im Ländervergleich* (S. 97–104). Münster: Waxmann.

Leucht, M., Tiffin-Richards, S., Vock, M., Pant, H. A., & Köller, O. (2012). Diagnostische Kompetenz von Englischlehrkräften. *Zeitschrift für Entwicklungspsychologie und Pädagogische Psychologie, 44,* 163–177.

Leutner, D., Fleischer, J., Spoden, C., & Wirth, J. (2007). Landesweite Lernstandserhebungen zwischen Bildungsmonitoring und Individualdiagnostik. In I. Gogolin, M. Prenzel & H.-H. Krüger (Hrsg.), *Kompetenzdiagnostik* (8. Sonderheft der Zeitschrift für Erziehungswissenschaft, S. 149–167). Wiesbaden: VS Verlag für Sozialwissenschaften.

Maier, U. (2008). Vergleichsarbeiten im Vergleich – Akzeptanz und wahrgenommener Nutzen standardbasierter Leistungsmessungen in Baden-Württemberg und Thüringen. *Zeitschrift für Erziehungswissenschaft, 11*(3), 453–474.

Pant, H. A., Emmrich, R., Harych, P., & Kuhl, P. (2011). Leistungsüberprüfungen durch Schulleistungsstudien und Vergleichsarbeiten. In W. Sacher & F. Winter (Hrsg.), *Diagnose und Beurteilung von Schülerleistungen – Grundlagen und Reformansätze* (S. 123–142). Baltmannsweiler: Schneider Hohengehren.

Pant, H. A., Böhme, K., & Köller, O. (2012). Das Kompetenzkonzept der Bildungsstandards und die Entwicklung von Kompetenzstufenmodellen. In P. Stanat, H. A. Pant, K. Böhme & D. Richter (Hrsg.), *Kompetenzen von Schülerinnen und Schülern am Ende der vierten Jahrgangsstufe in den Fächern Deutsch und Mathematik* (S. 49–55). Münster: Waxmann.

Staphorsius, G., & Krom, R. (2008). Das Schüler-Monitoring-System in den Niederlanden. In N. Berkemeyer, W. Bos, V. Manitius & K. Müthing (Hrsg.), *Unterrichtsentwicklung in Netzwerken. Konzeptionen, Befunde, Perspektiven* (S. 151–182). Münster: Waxmann.

Wößmann, L. (2005). The effect heterogeneity of central exams: Evidence from TIMSS, TIMSS-Repeat and PISA. *Education Economics, 13,* 143–169.

Wößmann, L. (2006). Bildungspolitische Lehren aus den internationalen Schülertests: Wettbewerb, Autonomie und externe Leistungsüberprüfung. *Perspektiven der Wirtschaftspolitik, 7,* 417–444.

# Wie können Ergebnisse der Kompetenzdiagnostik in Forschungsprojekten sinnvoll zurückgemeldet werden?

Dominik Leiss · Katrin Rakoczy

**Zusammenfassung:** Rückmeldung von (Forschungs-)Ergebnissen an Lernende, Lehrende und institutionelle Akteure stellt ein zentrales Element im Spannungsfeld kompetenzdiagnostischer Forschungsarbeiten dar: Schülern/-innen sollen möglichst individuelle Rückmeldungen zu erbrachten Leistungen gegeben werden, Lehrkräfte sind am Lernstand der eigenen Klasse interessiert, Schulämter und Ministerien sind Informationen über Ergebnisse aktueller Forschungen anzubieten. Damit eine Gestaltung und Umsetzung von Rückmeldungen auf derart unterschiedlichen Ebenen erfolgreich gelingen kann, gilt es, sich verschiedener zentraler Fragen bewusst zu sein: 1) Wer ist Empfänger/-in der Rückmeldung? Was ist das Ziel der Rückmeldung? 2) Welche Ergebnisse sollen zurückgemeldet werden? 3) Wie sollte eine Rückmeldung aus theoretischer Sicht idealerweise gestaltet sein? Und 4) wie ist eine solche Rückmeldung von gegebenen Rahmenbedingungen abhängig? Eine Diskussion dieser Fragen soll im vorliegenden Beitrag erfolgen, eine abschließend überblicksartig aufgeführte „Checkliste für Projektergebnisrückmeldungen" ist dabei als Angebot an Forschungsprojekte im Kontext kompetenzdiagnostischer Fragestellungen zu verstehen.

**Schlüsselwörter:** Kompetenzdiagnostik · Projektergebnisse · Rückmeldung

## How to report on results of competence assessment research?

**Abstract:** Reporting on research results to students, teachers and institutions is a big challenge within competence assessment research: students individually have to be given feedback about how they performed, teachers have to be provided with information about their classes, education authorities are interested in actual research results. For feedback being helpful for students, teachers and institutions, the following questions have to be thought of: (1) Who is the feedback given to? What is the aim of the feedback? (2) Which results shall be reported? (3) How should feedback theoretically look like? And (4) how does feedback depend on the given general

© Springer Fachmedien Wiesbaden 2013

Prof. Dr. D. Leiss (✉)
Institut für Mathematik und ihre Didaktik, Leuphana Universität Lüneburg,
Scharnhorststr. 1, 21335 Lüneburg, Deutschland
E-Mail: dominik.leiss@leuphana.de

Dr. K. Rakoczy (✉)
Deutsches Institut für Internationale Pädagogische Forschung,
Schloßstr. 29, 60486 Frankfurt am Main, Deutschland
E-Mail: rakoczy@dipf.de

framework? The given article discusses these questions and offers a "checklist" to research projects with a focus on competence assessment.

**Keywords:** Competence assessment · Feedback · Research results

Als im Bereich der Kompetenzdiagnostik Forschende/r ist man häufig mit der Situation konfrontiert, dass unterschiedliche Akteurinnen und Akteure des Bildungssystems über Ergebnisse eines Forschungsprojekts, an dem sie in irgendeiner Weise beteiligt waren, informiert werden möchten. Häufig ist es aufgrund verschiedener Rahmenbedingungen nicht möglich, die Rückmeldung an Beteiligte ausschließlich aufgrund theoretisch wünschenswerter Kriterien zu gestalten. Entsprechend müssen sich Forscher/innen zunächst folgende Fragen stellen und diese bei der Gestaltung der Rückmeldung in einer adäquaten Form beantworten:

1. An wen soll die Rückmeldung gegeben werden und welche Ziele könnte der Empfänger bzw. die Empfängerin damit verfolgen?
2. Welche Ergebnisse werden im Projekt erzeugt und eignen sich für die Rückmeldung an die Teilnehmenden?
3. Welche theoretischen Erkenntnisse über die (lernförderliche) Gestaltung von Rückmeldung liegen vor?
4. An welche organisatorischen Rahmenbedingungen ist die Erstellung bzw. Vergabe von Rückmeldung gebunden?

Die für die Ergebnisdarstellung getroffenen Entscheidungen (und die damit verbundenen Beschränkungen) gilt es so weit wie möglich auch mit den verschiedenen Akteuren und Akteurinnen offen zu kommunizieren, um diesen das Verständnis der Rückmeldung zu erleichtern. Welche Entscheidungen dies sein können, soll im Folgenden überblicksartig beschrieben werden.

## 1 Empfängerinnen, Empfänger und ihre Ziele

Zunächst gilt es, sich bewusst zu machen, wer der Empfänger bzw. die Empfängerin der zu gebenden Rückmeldungen ist, und zu berücksichtigen, dass die verschiedenen Akteure und Akteurinnen gänzlich unterschiedliche Verwendungszwecke bzw. Interessen mit den Rückmeldungen verfolgen. Dabei spielt ebenfalls eine Rolle, inwiefern der entsprechende Personenkreis aus Experten beziehungsweise Novizen auf dem jeweiligen Forschungsgebiet besteht und entsprechend auch unterschiedlich gut in der Lage ist, mit verschiedenen Darstellungsformen umzugehen. Folglich sind die Ergebnisse nicht nur hinsichtlich einer möglichst verständlichen und ansprechenden Informationsweitergabe, sondern auch inhaltlich differenziert für die verschiedenen Zielgruppen aufzuarbeiten. Wir unterscheiden im Folgenden zwischen Lernenden, Lehrpersonen und institutionellen Akteuren.

Es erscheint naheliegend, Lernenden als Gegenleistung für ihr Engagement im jeweiligen Forschungsprojekt personenbezogene Informationen rückzumelden. Inwiefern dies in Form einer Rückmeldung zu individuellen inhaltlichen Leistungen geschehen sollte, die den Lernbedarf aufzeigt, oder in Form eines Vergleichs mit einer Sozialnorm wie der eigenen Schulklasse, ist eine eigene Forschungsfrage (siehe unten). Einige Ergebnisse deuten allerdings darauf hin, dass eine individuelle Rückmeldung, die sich auf die Lernprozesse der Lernenden bezieht, in motivationaler und leistungsbezogener Hinsicht einer sozial vergleichenden Rückmeldung überlegen ist.

Bezüglich der Rückmeldung an Lehrpersonen gibt es wenig verallgemeinerbare Erfahrungen (vgl. Kohler und Schrader 2004). Konsens besteht darin, dass es für Lehrpersonen hilfreich ist, die Leistung ihrer Lerngruppe im Vergleich zur relevanten Bezugsgruppe oder in Bezug auf eine kriteriale Bezugsnorm wie zum Beispiel die Curricula der Länder oder die nationalen Bildungsstandards zu sehen. Alleiniges Bereitstellen von Informationen hat nach Kohler und Schrader (2004) bisher nicht zu Verbesserungen geführt (vgl. auch Nachtigall und Jantowski 2007). Die Ergebnisse von Kompetenzmessungen könnten jedoch – bei entsprechender Aufbereitung – von Lehrkräften als diagnostisches Tool genutzt werden und somit im Prozess der Optimierung pädagogischen Handelns einen wichtigen Beitrag leisten. Ein gelungenes Beispiel hierfür stellen die didaktischen Kommentare zu den Leistungsrückmeldungen aus Vergleichsarbeiten (VERA) dar (vgl. Pant 2013 in diesem Heft). Hier werden nicht bloß quantitative Ergebnisse präsentiert, sondern sowohl die Ergebnisse als auch die eingesetzten Testmaterialien werden einer didaktischen Analyse unterzogen, wodurch den Lehrpersonen ermöglicht wird, die eigenen Klassenleistungen inhaltlich zu reflektieren und Anregungen für den Unterricht zu gestalten. Diese Art der Aufbereitung ist zwar mit einem erheblichen Mehraufwand für das jeweilige Projekt verbunden, wenn man aber nicht nur im Sinne einer Belohnung der Lehrkräfte diese informieren, sondern auch einen inhaltlichen Einfluss auf deren Lehrexpertise beziehungsweise Unterrichtsgestaltung erreichen möchte, dann bedarf es eines differenzierteren Feedbacks (vgl. Maier 2008).

Anders als bei Rückmeldungen an die unmittelbar am Lehr-Lernprozess Beteiligten erscheint es für institutionelle Akteure wie Schulämter und Ministerien notwendig, dass gewonnene Ergebnisse auf einem angemessenen Aggregationsniveau dargestellt werden. Dabei gilt es, sich als Forscher/-in bewusst zu machen, dass insbesondere diese Akteure ein Interesse an mehr oder weniger stark inhaltlich orientiertem Steuerungswissen haben. Entsprechend sollte einer bloßen Outputkontrolle mit weitreichenden Sanktionen (wie z. B. bei den Schulleistungstests im Rahmen des amerikanischen „No child left behind"-Gesetzes) entgegengewirkt werden. Vielmehr sollten im Rahmen eines „Formativen Systemmonitorings" Möglichkeiten aufgezeigt werden, wie Lehr-Lerninhalte auf Systemebene erfasst und gegebenenfalls zur Modifikation von Curricula verwendet werden können.

## 2 Projektergebnisse

So wünschenswert es erscheint, allen in Abschn. 1 angeführten Akteuren und Akteurinnen Informationen über die Analysen der jeweiligen Forschungsvorhaben zukommen zu lassen, so stark steht und fällt dieser Wunsch mit der Art der erzielten Ergebnisse bzw. der im Projekt verfolgten Forschungsfragen. So bestimmt eine Reihe von Faktoren, ob, wem und auf welche Art und Weise Ergebnisse rückgemeldet werden können bzw. sollten. Die folgenden Fragen sollen einen exemplarischen Eindruck hiervon vermitteln:

- Wie anwendungsorientiert ist die Forschung? Ermöglichen die Ergebnisse handlungsleitende Folgerungen oder handelt es sich eher um Grundlagenforschung?
- Auf welcher Ebene liegen die Ergebnisse? Wurden zum Beispiel kognitive Lernprozesse auf individueller Ebene analysiert oder können die Ergebnisse auf einer schulischen Makroebene verortet werden?
- Welche Stichprobe wurde untersucht? Wurden die Ergebnisse im Rahmen einer qualitativen Fallstudie erhoben oder wurde eine repräsentative Stichprobe untersucht?
- Wie „gut" sind die Ergebnisse? Handelt es sich um positive Ergebnisse oder sind diese eher kompromittierend? Zu welchem Kriterium können sie in Beziehung gesetzt werden (z. B. Klasse, individueller Verlauf etc.)?

## 3 Theoretische Erkenntnisse über die Gestaltung von Leistungsrückmeldung

Aus theoretischer Sicht ist es wünschenswert, Rückmeldung über Leistungsergebnisse so zu gestalten, dass sie im Sinne der aus zahlreichen Studien gewonnenen theoretischen und empirischen Erkenntnisse motivations- und lernförderlich ist. Da dies mit erheblichem Aufwand verbunden ist, wird es zumeist nur dann umfassend realisiert, wenn die Rückmeldung selbst Forschungsgegenstand ist und sie einen laufenden Lehr-Lern-Prozess in positiver Weise beeinflussen soll. Studien, die sich mit Rückmeldung in einem laufenden Lehr-Lern-Prozess als Forschungsgegenstand beschäftigen und somit primär Lernende als Proband/-innen untersuchen, haben folgende Kriterien für die Gestaltung der Rückmeldung hervorgebracht:

Nach Hattie und Timperley (2007) sollte eine lernförderliche Rückmeldung Informationen beinhalten, wie die Distanz zwischen einer tatsächlich erzielten Leistung und einem gewünschten Lernziel verringert werden kann. Diese Art von Information ist auf der Aufgabenebene lokalisiert. Rückmeldung auf der Verarbeitungsebene, d. h. Rückmeldung, die hilft, Fehler zu erkennen, Informationen zu suchen und Strategien zu verwenden, ist darüber hinaus hilfreich, wenn es um komplexe Aufgaben geht, für deren Lösung tiefergehendes Lernen notwendig ist (vgl. Hattie und Timperley 2007). Kluger und DeNisi (1996) finden ebenfalls, dass Rückmeldung, die sich direkt auf bearbeitete Aufgaben bezieht (Aufgaben- oder Verarbeitungsebene), wirksamer ist als Rückmeldung, die sich auf die Leistung insgesamt und damit auf die Person des/der Lernenden bezieht (Selbstebene). Dadurch, dass Rückmeldung auf die einzelnen bearbeiteten Aufgaben und damit verbundene Lernprozesse und nicht auf den Gesamterfolg in einem Test fokussiert, soll die Leistung mit Anstrengung und nicht mit Fähigkeit assoziiert werden (siehe zu Kausalattributionen McElvany und Rjosk 2013 in diesem Heft). Die Rückmeldung soll die Verbindung zwischen Anstrengung und Erfolg aufzeigen, damit die Anstrengungsbereitschaft der Lernenden aufrechterhalten bleibt beziehungsweise erhöht wird (vgl. Mory 1996).

Im Rahmen der Selbstbestimmungstheorie von Deci und Ryan (vgl. z.B. Ryan und Deci 2002) wird davon ausgegangen, dass Rückmeldung den Lernprozess dann positiv beeinflusst, wenn sie durch Information über die individuellen Kompetenzen der

Lernenden deren grundlegendes Bedürfnis nach Kompetenz unterstützt (vgl. z. B. Deci et al. 1999). Das bedeutet, die Rückmeldung sollte den Lernenden zeigen, dass ihnen etwas zugetraut wird, welche Fortschritte sie bereits gemacht haben, wo sie sich noch verbessern können etc. Dagegen gilt Feedback, welches den Lernenden aufzeigt, wie sie sich (hätten) verhalten sollen, als motivationshinderlich, da es eine Bedrohung des Bedürfnisses nach Autonomie darstellt. Damit ist jedoch nicht gemeint, dass die richtige Lösung einer Aufgabe genannt wird, was durchaus als lernförderlich eingeschätzt wird (vgl. Sansone 1986), sondern dass betont wird, was von dem/der Lernenden erwartet wird bzw. wurde, um Druck zu erzeugen, eine bestimmte Leistung zu erbringen.

Darüber hinaus sollte Rückmeldung in möglichst enger zeitlicher Nähe zu dem Leistungsergebnis erfolgen. Außerdem ist es wichtig, dass die Rückmeldung persönlich relevant ist. Sie sollte aufzeigen, wozu die Lernenden die Rückmeldung gebrauchen beziehungsweise bei welcher Gelegenheit sie das Gelernte anwenden können.

Rückmeldung wirkt sich nicht auf alle Lernenden gleich aus, sondern sie wirkt in Abhängigkeit von bestimmten Merkmalen der Lernenden und der Situation. Häufig wird das Leistungsniveau der Lernenden als Bedingung für die Wirksamkeit von Feedback thematisiert. Nach Sansone (1986) bestimmt die Leistung den Einfluss von sozial vergleichendem Feedback dahingehend, dass die leistungsstärkeren Lernenden stärker von solchem Feedback profitieren. Laut Kluger und DeNisi (1996) sowie Butler und Winne (1995) bestimmt auch die Zielorientierung die Wirkung von Feedback. Es wird davon ausgegangen, dass sich Rückmeldung, die eine individuelle Bezugsnorm anlegt, sich besonders positiv bei Schülern/-innen mit Lernzielorientierung auswirkt. Dagegen sollte sozial vergleichende Rückmeldung oder Rückmeldung, die eine kriteriale Bezugsnorm beinhaltet, vor allem bei Schülerinnen und Schülern positiv wirken, die eine Leistungszielorientierung aufweisen.

## 4 Organisatorische Rahmenbedingungen

Möchte man den Beteiligten an einer Studie Rückmeldung über die Ergebnisse geben, sind die in Abschn. 3 genannten Kriterien zur Gestaltung lernförderlicher Rückmeldung aufgrund der spezifisch gegebenen organisatorischen Rahmenbedingungen häufig nicht zu erfüllen. Darunter fallen insbesondere die Begrenztheit der zur Verfügung stehenden zeitlichen und monetären Ressourcen sowie die vorliegenden Datenschutzbestimmungen.

Aufgrund begrenzter Ressourcen ist das Kriterium enger zeitlicher Nähe häufig nicht zu realisieren, da die Kodierung der Aufgabenbearbeitungen und die Aufbereitung der Daten mit erheblichem Aufwand verbunden sind. Dieses Problem kann jedoch dadurch reduziert werden, dass den Adressaten zusammen mit den Ergebnissen die zuvor bearbeiteten Aufgaben zur Verfügung gestellt werden.

Eine Rückmeldung, die detailliert auf die einzelnen Aufgabenbearbeitungen und die damit verbundenen Lernprozesse eingeht, um die Distanz zum Lernziel zu verringern, ist ebenfalls mit sehr großem Aufwand verbunden. Auch damit die Rückmeldung persönlich relevante Informationen enthält und die Lernenden in ihren Bedürfnissen nach Kompetenz und Autonomie unterstützt, ist eine intensive Auseinandersetzung mit den einzelnen Schülerlösungen und Lösungswegen notwendig, die in großen Stichproben nicht realisierbar ist. Im Falle knapper Ressourcen bei großen Stichproben könnte auf eine Einstufung der Lernerfähigkeiten in einem Kompetenzniveaumodell als Alternative zurückgegriffen werden. In einem solchen Modell sollte möglichst praxisnah beschrieben werden, über welche Operationen und Prozesse Lernende auf bestimmten Niveaus verfügen. Durch die Verortung auf der Kompetenzniveauskala sehen die Lernenden, welche Prozesse schon beherrscht werden und welche Prozesse auf den höheren Niveaus noch zu erreichen sind.

Generell ist ein sensibler Umgang mit der Rückmeldung von Lernergebnissen unerlässlich. So sollte, wann immer möglich, ein persönliches Gespräch mit den Adressaten stattfinden, um die Ergebnisse zu erklären und die Möglichkeit zu geben, Rückfragen zu stellen. Wissenschaftler/-innen, Lernende, Lehrpersonen und institutionelle Akteure verwenden in der Regel sehr unterschiedliche Sprachen, um Leistungsergebnisse zu beschreiben und zu interpretieren. Um sich gegenseitig zu verständigen, bedarf es einer ausführlichen und einfühlsamen Kommunikation. Sie sollte sowohl das Bemühen um eine verständliche und ansprechende Darstellung der Ergebnisse als auch die Fort- und Weiterbildung der Akteurinnen und Akteure zum Umgang mit Forschungsergebnissen beinhalten.

## 5 Checkliste für die Projektergebnisrückmeldung

Im Folgenden werden zentrale Kriterien für die Gestaltung von Ergebnisrückmeldungen aus Kompetenzmessungen in Form einer Checkliste zusammengefasst.

*Empfänger/innen und ihre Ziele:*

- Sind die Rückmeldungen bezüglich (Fach-)Sprache, grafischen Darstellungen und allgemeinem Layout so aufbereitet, dass sie von der jeweiligen Zielgruppe verstanden werden können?
- Sind die Rückmeldungen inhaltlich so aufbereitet, dass die enthaltenen Informationen von den Empfängern/innen als interessant und hilfreich in ihrer weiteren Arbeit angesehen werden?
- Ist das Aggregationsniveau der Rückmeldungen für den/die Empfänger/in angemessen?

*Projektergebnisse:*

- Eignen sich die erzielten Ergebnisse für eine Rückmeldung, die über das bloße Informieren der Beteiligten auf einem allgemeinem Niveau hinausgeht?
- Werden durch die dargelegten Inhalte die Persönlichkeitsrechte gewahrt oder handelt es sich eventuell sogar um nicht veröffentlichbare Ergebnisse?
- Wurden die Daten untereinander in Beziehung gesetzt?
- Ist die „Unsicherheit" von Kompetenzdiagnostik bzw. die Relativierung der Absolutheit von Kompetenzzuschreibungen als Einschränkung für die Interpretation der Ergebnisse transparent?

*Theoretische Erkenntnisse:*

- Hilft die Rückmeldung der Zielperson, die Distanz zwischen ihrer Leistung und dem Lernziel zu verringern?

- Unterstützt die Rückmeldung die Zielperson in ihren Bedürfnissen nach Kompetenz und Autonomie?
- Erfolgt die Rückmeldung in zeitlicher Nähe zur Leistungserfassung?
- Enthält die Rückmeldung persönlich relevante Informationen für die Zielperson?

*Organisatorische Rahmenbedingungen:*

- Welche Ressourcen stehen für die Rückmeldung zur Verfügung?
- Wie sind die Datenschutzbestimmungen?
- Besteht außer der schriftlichen Rückmeldung auch die Möglichkeit, ein gemeinsames Treffen zu organisieren, bei dem die Projektergebnisse besprochen werden?

**Danksagung:** Diese Veröffentlichung wurde ermöglicht durch Sachbeihilfen der Deutschen Forschungsgemeinschaft (Kennz.: KL 1057/10-2 und BL 275/17-1) im Schwerpunktprogramm „Kompetenzmodelle zur Erfassung individueller Lernergebnisse und zur Bilanzierung von Bildungsprozessen" (SPP 1293).

## Literatur

Butler, D. L., & Winne, P. H. (1995). Feedback and self-regulated learning: A theoretical synthesis. *Review of Educational Research, 65,* 245–281.

Deci, E. L., Koestner, R., & Ryan, R. M. (1999). A meta-analytic review of experiments examining the effects of extrinsic rewards on intrinsic motivation. *Psychological Bulletin, 125,* 627–668.

Hattie, J., & Timperley, H. (2007). The power of feedback. *Review of Educational Research, 77,* 81–112.

Kluger, A. N., & DeNisi, A. (1996). The effects of feedback interventions on performance. A historical review, a meta-analysis, and a preliminary feedback intervention theory. *Psychological Bulletin, 119,* 254–284.

Kohler, B., & Schrader, F.-W. (2004). Ergebnisrückmeldung und Rezeption. Von der externen Evaluation zur Entwicklung von Schule und Unterricht (*Themenheft der Empirischen Pädagogik, Vol. 18*(1)). Landau : VEP.

Maier, U. (2008). Rezeption und Nutzung von Vergleichsarbeiten – Ergebnisse einer Lehrerbefragung in Baden-Württemberg. *Zeitschrift für Pädagogik, 11,* 453–474.

McElvany, N., & Rjosk, C. (2013). Wann kann Kompetenzdiagnostik negative Auswirkungen haben? In D. Leutner, E. Klieme, J. Fleischer & H. Kuper (Hrsg.), *Kompetenzmodelle zur Erfassung individueller Lernergebnisse und zur Bilanzierung von Bildungsprozessen: aktuelle Diskurse im DFG- Schwerpunktprogramm* (18. Sonderheft der Zeitschrift für Erziehungswissenschaft, DOI: 10.1007/s11618-013-0387-z). Wiesbaden: VS Verlag für Sozialwissenschaften.

Mory, E. H. (1996). Feedback research. In D. H. Jonassen (Hrsg.), *Handbook of research for educational communications and technology* (S. 919–956). New York: Macmillan.

Nachtigall, C., & Jantowski, A. (2007). Die Thüringer Kompetenztests unter besonderer Berücksichtigung der Evaluationsergebnisse zum Rezeptionsverhalten. *Empirische Pädagogik, 21,* 401–410.

Pant, H. A. (2013). Wer hat einen Nutzen von Kompetenzmodellen? In D. Leutner, E. Klieme, J. Fleischer & H. Kuper (Hrsg.), *Kompetenzmodelle zur Erfassung individueller Lernergebnisse und zur Bilanzierung von Bildungsprozessen: aktuelle Diskurse im DFG- Schwerpunktprogramm* (18. Sonderheft der Zeitschrift für Erziehungswissenschaft, DOI: 10.1007/s11618-013-0388-y). Wiesbaden: VS Verlag für Sozialwissenschaften.

Ryan, R. M., & Deci, E. L. (2002). An overview of self-determination theory: An organismic-dialectical perspective. In E. L. Deci & R. M. Ryan (Hrsg.), *Handbook of self-determination research* (S. 3–33). Rochester: University of Rochester Press.

Sansone, C. (1986). A question of competence: The effects of competence and task feedback on intrinsic interest. *Journal of Personality and Social Psychology, 51,* 918–931.

# Pädagogik
Aktuelle Neuerscheinungen

Heike de Boer, Sabine Reh (Hrsg.)

**Beobachtung in der Schule – Beobachten lernen**

Beobachtungen sind Teil der alltäglichen pädagogischen Arbeit von Lehrerinnen und Lehrern. Sie finden überall statt und zugleich zu wenig Beachtung. Hier setzt dieses Lehrbuch an, das diesen zentralen Bestandteil pädagogischen Handelns von Lehrern und Lehrerinnen theoretisch, anhand von Fallbeispielen und methodisch umfänglich darstellt und zudem Möglichkeiten bietet, das Beobachten einzuüben und diese Tätigkeit gleichzeitig zu reflektieren.

2012. XVIII, 311 S. mit 15 Abb. Br. € (D) 19,95
ISBN 978-3-531-17761-8

Agi Schründer-Lenzen

**Schriftspracherwerb**

Besondere Aufmerksamkeit gilt jenen Kindern, die Schwierigkeiten beim Schriftspracherwerb haben und in der Gefahr stehen, eine Lese-Rechtschreibschwäche zu entwickeln. Eine professionelle Wahrnehmung gerade dieser Risikogruppe setzt interdisziplinäre Kenntnisse und eine Vielfalt von methodisch-didaktischem Handlungswissen voraus. Im Zentrum stehen deshalb nicht nur die Vermittlung von theoretischen Basiskenntnissen zum Schriftspracherwerb, sondern ebenso Prävention, Diagnostik und Förderung bei Schwierigkeiten der Schriftsprachentwicklung.

4., akt. u. überarb. Aufl. 2013. XIV, 295 S. mit 62 Abb. u. 10 Tab. Br. € (D) 19,99
ISBN 978-3-531-17944-5

Anke Spies (Hrsg.)

**Schulsozialarbeit in der Bildungslandschaft**

Möglichkeiten und Grenzen des Reformpotenzials

Die Beiträge des Bandes basieren auf Daten und Befunden aus jüngeren qualitativen und quantitativen Erhebungen sowie den aktuellen Diskursen zu den Schwerpunkten Care, Biografie, Effekte, Schulformate, interdisziplinäre Kooperationen und leuchten bislang ungeklärte Aspekte des Handlungsfeldes aus.

2013. V, 190 S. mit 5 Abb. u. 2 Tab. Br. € (D) 29,99
ISBN 978-3-531-18255-1

Änderungen vorbehalten. Erhältlich im Buchhandel oder beim Verlag.

Einfach bestellen:
SpringerDE-service@springer.com
tel +49(0)6221/345–4301
springer-vs.de

# Pädagogik
## Aktuelle Neuerscheinungen

Robert Heyer, Sebastian Wachs, Christian Palentien (Hrsg.)

### Handbuch Jugend - Musik - Sozialisation

Jugend, Musik und Sozialisation werden in dem Handbuch systematisch in ihren jeweiligen Zusammenhängen erschlossen. Der Fokus liegt hier auf der Ebene der bildungs- und sozialisationstheoretischen Erziehungswissenschaft. Grundsätzlich wird die Verbindung zwischen Jugend und Musik aus sozialisationstheoretischer Perspektive festgestellt. Ziel ist es, den Themenkomplex erstmals grundlegend und umfassend zu erschließen.

2013. VI, 483 S. mit 6 Abb. u. 40 Tab. Br. € (D) 49,99
ISBN 978-3-531-17326-9

Änderungen vorbehalten. Erhältlich im Buchhandel oder beim Verlag.

Ute Frevert, Christoph Wulf (Hrsg.)

### Die Bildung der Gefühle

In den Beitägen werden Aspekte zu Bereichen wie Familie und frühe Kindheit, Elementar- und Sekundarschule, Jugendliche und Peer groups, Medien und Regligion untersucht. Aus jeweils pädagogischen, historischen und interkulturellen Perspektiven werden Institutionen in ihren emotionalen Erziehungsansprüchen und -leistungen analysiert: im interdisziplinären Ansatz werden ähnliche Akzentsetzungen, aber auch Differenzen und Verschiebungen in Raum und Zeit wahrgenommen und reflektiert.

2013. 238 S. Br. € (D) 39,99
ISBN 978-3-531-18403-6

Carola Kuhlmann

### Erziehung und Bildung

Einführung in die Geschichte und Aktualität pädagogischer Theorien

Dieses Lehrbuch gibt einen Überblick über die wichtigsten allgemein- und sozialpädagogischen Konzepte der europäischen Geschichte - von Platon bis Lyotard. Im Zentrum der komprimierten und verständlichen Darstellung von Erziehungs- und Bildungstheorien stehen nicht allein 'Klassiker' oder bis heute beeindruckende Pädagoginnen und Pädagogen, sondern auch weniger vorbildliche Begründer pädagogischer Ideen.

2013. VIII, 249 S.
Br. € (D) 24,99
ISBN 978-3-531-19386-1

Einfach bestellen:
SpringerDE-service@springer.com
tel +49(0)6221/345-4301
springer-vs.de

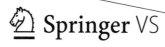